이충재의 제13시집

어머니의 수레

−몸 이별−

어머니의 수레

초판 1쇄 인쇄 | 2024년 02월 26일
지은이 | 이충재
펴낸이 | 이재욱(필명:이승훈)
펴낸곳 | 해드림출판사
주　소 | 서울 영등포구 경인로82길 3-4(문래동1가 39)
　　　　센터플러스빌딩 1004호(우편07371)
전 화 | 02-2612-5552
팩 스 | 02-2688-5568
E-mail | jlee5059@hanmail.net

등록번호　제2013-000076
등록일자　2008년 9월 29일

ISBN　979-11-5634-580-0

어머니의 수레

이충재 시집

아픈 이별을 더는 슬프게 하지 않기 위해
어머니가 하실 수 있는 최상의 배려
이승의 날 저물기 전 그 언어의 의미를 해독 중이다

해드림출판사

시인의 말

아들 태어난 날(1. 20.)

어머니 짐을 꾸려 세상을 떠나셨다

6개월 남짓

못다 나눈 도타운 정을 대화와 일기와 시로 꾸려

어머니 천국 가시는 길 배웅하는 티켓용으로 삼아 드린다

잊지 말라고

평생 함께하시자고

아들 태어난 날 떠나신

어머니를 향한 그리움과 사랑을

이 한 권의 시집에 담아 놓는다

어머니 감사합니다

어머니 사랑합니다

천국에서 자식들을 위해 기도하실 그 모습 기억하며

이제는 눈물을 뽀송뽀송 말리겠습니다

2024. 1. 20.

이충재 시 치유연구실에서

차례

시인의 말　4

제1부　어머니의 겨울

또 다른 풍경　　　　　　　　　12
낙장에 쓰는 편지　　　　　　　14
어머니의 겨울　　　　　　　　16
벽을 사이에 두고　　　　　　　18
입동 마루에 선 어머니　　　　　20
어머니의 땔감 나무　　　　　　22
아궁이의 불은 아직 타고　　　　24
어머니의 수레(1)　　　　　　　26
어머니의 수레(2)　　　　　　　28
어머니의 수레(3)　　　　　　　30
어머니의 수레(4)　　　　　　　32
어머니의 수레(5)　　　　　　　34
어머니의 수레(6)　　　　　　　36
어머니의 수레(7)　　　　　　　38
어머니의 수레(8)　　　　　　　40
어머니의 수레(9)　　　　　　　42

제2부　어머니의 잠

어머니의 수레(10)　　　　　　46

어머니의 수레(11)	*48*
어머니의 수레(12)	*50*
어머니의 수레(13)	*52*
어머니의 수레(14)	*54*
어머니의 수레(15)	*56*
어머니의 수레(16)	*58*
어머니의 수레(17)	*60*
어머니의 수레(18)	*62*
어머니의 수레(19)	*64*
어머니의 수레(20)	*66*
어머니의 수레(21)	*68*
어머니의 수레(22)	*70*
어머니의 수레(23)	*72*
어머니의 수레(24)	*74*
어머니의 수레(25)	*76*

제3부　어머니의 양식

어머니의 수레(26)	*80*
어머니의 수레(27)	*82*
어머니의 수레(28)	*84*
어머니의 수레(29)	*86*
어머니의 수레(30)	*88*
어머니의 수레(31)	*90*
어머니의 수레(32)	*92*
어머니의 수레(33)	*94*
어머니의 수레(34)	*96*

어머니의 수레(35)	98
어머니의 수레(36)	100
어머니의 수레(37)	102
어머니의 수레(38)	104
어머니의 수레(39)	106
어머니의 수레(40)	108
어머니의 수레(41)	110

제4부 배웅하는 사람들

어머니의 수레(42)	114
어머니의 수레(43)	116
어머니의 수레(44)	118
어머니의 수레(45)	120
어머니의 수레(46)	122
어머니의 수레(46-1)	125
어머니의 수레(47)	126
어머니의 수레(48)	128
어머니의 수레(49)	130
어머니의 수레(50)	132
어머니의 수레(51)	134
어머니의 수레(52)	136
어머니의 수레(53)	138
어머니의 수레(54)	140
어머니의 수레(55)	142
어머니의 수레(56)	144

제5부 별 보러가요

어머니의 수레(57)   *148*
어머니의 수레(57-1)   *151*
어머니의 수레(58)   *152*
어머니의 수레(59)   *154*
어머니의 수레(60)   *156*
어머니의 수레(61)   *158*
어머니의 수레(62)   *160*
어머니의 수레(63)   *162*
어머니의 수레(64)   *164*
어머니의 수레(65)   *166*
어머니의 수레(66)   *168*
어머니의 수레(67)   *170*
어머니의 수레(68)   *172*
어머니의 수레(69)   *174*
어머니의 수레(70)   *176*
어머니의 수레(71)   *178*
어머니의 수레(72)   *180*
어머니의 수레(73)   *182*
어머니의 수레(74)   *184*
어머니의 수레(75)   *186*
어머니의 수레(76)   *188*

발문   *191*

제1부

어머니의 겨울

또 다른 풍경

길가에
엎드러지는 사람을 보고도
눈먼 척 돌아서다가
제 앞에 지도를 펴들고 이정표 삼는 이의 행보

행렬에서 이탈하고
허리끈 동이며 차량 뒤를 달려가는
연신 땅을 파 경작을 하는 이의 손
그 손에서 익어가는 과수를 놓고 계산 한창이는

동서남북
서로 다른 삶의 이정표를 꺾으며
그 꺾어진 조각들로 자신의 영역표시를 선명하게 긋고
앙칼진 바람의 흉내를 내면서 잠들다 깨기를 반복하는

이것이 삶

이것이 인생

이것이 인간

이것이 인성을 잃은 이들의 아우성

낙장에 쓰는 편지
-어머니의 병환을 염려하며

나뭇잎 지는 오후
손가락으로 잎 등에다 편지를 쓴다
바람도 잠시 쉬어가는 시간
햇살 따사롭게 가슴과 등과 정수리를 향해
일제히 급하강을 한다

떠돌다 누구에게 읽히울까
내 어머니의 기울어가는 세월의 창밖으로
하나둘 사라지는 유한한 족속들
그래도 누군가의 거친 호흡인 양 슬픔은 남아서
이해 가을은 유독 진하게 다가와 가슴이 무겁다

누군가는 의미 모를 언어를 남발하고
누군가는 의미 없는 몸짓을 남발하고
그렇게 저마다 존재의 의미를 찾아 헤매는

야속하게 떠나보내야 할 나의 지구는

병 앓이를 하면서 우주의 근원으로 돌아가려고만 한다

어머니의 돌덩어리 같다던 의지는

굴참나무 표피 인양 맥없이 이탈하고

떨어지는 꽃잎에 잠든 한 마리 벌과 같이

정은 어느새 늦가을 웅덩이의 물과 같이 메마르고

우리는 이렇게 긴 이별을 준비 중이다

어머니의 겨울

김장김치를 걸러 본 적 없는
어머니의 올겨울은 유난히 차가웁습니다
소리 없이 파고드는 냉기가
살갗을 에이는 통에 휘청거려 길을 잃을뻔했습니다
예까지 오신 것도 버거웠을 세월인데
남은 생애 굽이마다 이정표가 보이지를 않아
눈 크게 뜨고 한 발 한 발 내딛는 힘겨운 어머니를 봅니다

오늘은 유난히 어머니 곁에 찬바람이 회오리치고 있습니다
지랄병 같은 근심은
기도로도 위로가 되지 않아 품어보는
늙은 나뭇등걸도 시름 가득 품고 졸고 있어
온 영혼이 꽁꽁 얼어 붙습니다
어머니의 시계는 지금 몇 시를 가리키고 있습니까
고장 잦은 초침은 오늘따라 정확성을 유지한 채 잘도 흘

러갑니다

잠시 찾아왔다가는

누군가 세워 놓은 이정표를 따라 내딛는

어머니의 맨발

그 발등에 내려앉은 몇 그램의 햇살이 어머니의 양식입니다

아들의 가슴 한구석을 비워두겠습니다

지금까지는 의미 없는 그 무엇으로 가득 채웠던

아들의 가슴을 어머니의 그리움으로 가득 채우려고 합니다

어머니

여전히 어머니의 겨울은 차가웁습니까

햇살은 따스하게 감싸 안으려고 하는데

오들오들 떨고 있는 어머니의 영혼은 온기를 더할 수 없어

하나님께 기도 올리는 예식

주여 평안으로 하늘의 소망 잃지 않게 하옵소서

나뭇잎 편지를 정성 다해 일독합니다

벽을 사이에 두고

그대는 무슨 꿈을 꾸고 있는가

자꾸만 허물어지는

구멍 숭숭 난 미래의 측 벽은 예기치 않고

건물 상층부만을 향해

그 한 사람 영혼을 짓밟고 오르는

북풍 에이는 겨울은 누구에게나 찾아오는 것

눈 내린 길을 사뿐사뿐 걷는 것은

어떤 신을 신었는가가 아닌 뉘게 신발을 신겨 주었는가에

달려있다

거대한 관을

이고 지고 수송하고 장식하고 그윽이 바라보고는

잠 못 드는 그대의 계절

정원을 가로질러 시건장치하고 불빛 네온 화려한 장식

한 치 앞은 늪 우거진 미로

흔들리기를 반복하며 품어 안은 풍경은 정원

그 정원에서 사과 하나 따 입에 넣고 씹는 여유

그 삶이 허락된 이에게는 벽 하나 없지만 숲 우거진 안식 공간이다

말뚝을 박지 않으면서도

제 영역을 강요당하지도 않는

그에게 꽃 한 송이 바치우고

돌아서서 하늘을 향해 사유의 똬리를 트는 철새 같은 생애

그의 임시거처는 벽으로 밀집된 삭정이 우거진 낯선 번지

자고 일어나고 기지개 켜며 행동하는

벽 없는 세상을 그리우는 것이

소망이기를 바라는 이의 행보 그 발등 위에 꽃 한 송이 바치운다

* 어머니 입원 중 임종을 앞둔 응급실 환자 가족의 울분을 바라보면서 옆 병상에서 쓴 한 편의 시(삶이 무엇이고, 우리 삶의 목적성은 또 무엇인가?)

입동 마루에 선 어머니

찬 바람 문풍지 새로 고개 들이밀면
어머니의 시간은 몹시도 바빠지셨다
아궁이에 군불도 지펴야 하고
물동이 이고 가족들 세숫물 받아다 덥혀야 하고
안마당이며 봉당의 낙엽도 쓸어 모아야 했다

메주콩 머리에 이고 뛰다가
바깥마당에 널브러져 웃음 한바탕에 시름 덜던 어머니
바깥마당 한편에 누렁이 밤새 쌓아놓은 똥이 얼어붙은
그 길을 지나서 김장배추 흥정하고 돌아와 한숨짓곤 했다
늘 그렇게 허리끈을 졸라매야 했던 어머니의 세월

그 세월 안팎의 요란함도 잠시
마을 언저리에 하나둘 건물 들어서고
낯선 이들의 아우성으로 영토가 흥정의 대상이 되고

소리소문없이 마을을 떠날 채비를 하는 어머니

어느새

영영 이 작은 별 미련 없이 떠나시려는 듯 용쓰신다

나뭇잎 날듯

등짐 짊어진 이들 뒤를 따르고

태초의 모습을 잃은 몰골이 싫다며 시간 뒤편으로 나앉은

사내의 등짝 위로 탁탁 내리치는 바람의 손

언제쯤 햇살 따사로운 품에 안길지 몰라 어머니를 먼저

배웅 나선다

어머니의 땔감 나무

찬 바람 불면

검버섯 잔뜩 오른 얼굴을 하곤

지푸라기 올 엮듯 서로의 일상을 훔쳐보며 산을 오른다

사내들은 지겟다리 장단을 치며 나무 등짐 가득

옭아맨 체 깊은 산 능을 내려오고

여인들은 솔가지 엮어 머리에 나뭇등걸 해 얹고

논배미마다 곡예를 한다

여인들의 봄은

겨울 시작과 함께 온다

언제 꽃이 필지 모를 세월을 헤이며

명태처럼 얼어붙은 걸레 빨며 손가락 접어 봄을 기다린다

아무리 봐도 그해 봄은 지천으로 꽃피우는데

그토록 기다려온 여인들의 봄은 소리소문없이

지나간다

나뭇등걸 위에 아이들 불러세우고

텀블링하며 버들강아지 생명 살리듯 까불러도

봄은 저만치 왔다가는 이내 발길을 돌리고

그렇게 눈물 가득 고인 삶의 언저리로 난

길을 따라서 웃음 잃은 채 떠난다

나무 밑에 뉘여 드릴까

꽃 무덤 위에 뉘여 드릴까

어머니들의 생계 요람은 쉬 흔들리고

산새들도 외로워 마을 고욤나무 위에 집 짓고들 사는데

길을 품어 안고 지난 세월 내내 몸 숨기는

기나긴 어머니들의 숙명

마른 나뭇가지를 보면 자꾸만 어머니의 슬픈 뒤가 아른거린다

아궁이의 불은 아직 타고

바람은 부엌 덧문을 연신 걷어차는데
하늘에서는 희뿌연 눈싸라기 퍼붓는데
아궁이에는 장작불 붉게 타올라 식솔들 목욕물 끓인다
언제 적 사실들인가
지울 수 없는 아들의 가슴에 켜켜이 쌓인
어머니의 시름이 하나둘 살갗 드러내 보이기 시작한다

어머니도 그러셨으리
어릴 적 죽어가는 아들 앞에서 손쓸 겨를없어
뒤뜰 장독대에 앉아서 펑펑 울기만 하셨을
쓴 약 뿌리 하나 달여 입에 물리고
눈깔사탕으로 달래던 유일한 손을 믿어 눈물 훔쳐내시던
고창 성두 댁 어머니

그 강철같다던 모습은

고목처럼 쓰러져 쉬 일어서지 못하고
시름시름 앓아 고통을 호소하신다
더 이상의 효능을 상실한 약만 복용하며 달래보지만
쉬 일어서지 못한다
아궁이 속 불길은 어머니의 생애와 아들의 생애를 갈지자
로 오가며 태운다

추억은 아름다운 것이라는데
어느 것 하나 잡아 둘 것 없는 어머니의 생애를
누가 아름다웠다고 거들 수 있을까
아궁이의 불쏘시개로 삼으셨을 가난과 고뇌를 이고 달려
온 세월
하나둘 인생 아궁이에 넣어 불 질러놓고
백합 눈과 같은 모습 마지막 불명을 질러놓고 가벼이 떠
나시려나 보다

어머니의 수레(1)
-이별 준비

아들이 본 어머니의 첫 수레는

눈 내린 정월 아들의 철 책상을 실은 늙은 수레

밀고 끌고 눈밭 피하여 고개 숙인 채 언덕을 오르던

손꼽아 속으로 흘러내린 눈물로 가슴 녹여내던

그날부터 시름 가득 실어 나르던 유일한 운송 수단

일생

당신만의 걸음으로 삶을 실어 나르던

돌아보면 어머니의 수레는

늘 텅 비워진 채 저만치서 비 바람을 맞는다

꽃수레 하나 정성 다해 놓아드려야 할 시간

그것도 여의치가 않아

갈등하고 엎어지고 아파하고

무지가 따라와 관계의 수렁을 만들어 놓고

어머니가 걸어오셨던 세월만은 따를 수 없다며
꾹 참고 미소 지으며 보내 드리려고 한다

이제는 탑승할 수도 없어
그냥 바라만 보다가 저만치 밀쳐놓고
추억의 사진 한 장만 겨우 남긴 채
아궁이 불 속에서 재로 남겨진 것들을 그리우는 마음
티켓 하나 얹어 드리고 돌아서서 눈물짓는다

어머니의 수레(2)
-유년의 추억

날 때부터 빈손 가득 담긴 설움

어깨 깊이 짓눌러 걸음 무거운 행보

밤낮 헤매다 잠든 소녀적 슬픔 많은 추억

아스라이 멀어지기만 한 꿈속 여정

뒤 벌로 날일 나서던 새댁의 추억 되살아나

단 한날도 쉼을 그리워해 본 적 없는

노동의 현장 고된 생애

어린 아들

고욤나무 위 매미처럼 어머니의 삶을 지켜만 보다

배고파 뗑깡 놀던

그 부끄러움 아련하게 올라와 가슴을 친다

밀물로 다가오다가 썰물로 토해내는 어머니의 일상들

풀 한 포기 오르지 않는 황무지에

씨앗 뿌려 어머니 생애 쉼터를 만들겠다고 꾸어온 꿈

늘 어머니의 수레는 텅 비어 있다

어머니도 배곯아 제 몸 중심 잡기 위해 애쓰는데

등 뒤에 업힌 아들의 꿈은 숲과 바다와 하늘로만 향하고

흔들리는 몸 가누며 겨우 찾은 부엌

물 말은 밥에 김치 얹어 들이켰던 어머니의 생애

어머니의 수레는 텅 비었다가는

이내 짐 가득 실려 한 발자국 이동의 기력을 상실하곤 했다

어머니의 수레(3)
-일상의 무게

언제 적 일인가
예사롭지 않은 운행이 낳은 비장감
항상 포장도로로 여행하겠다고 장담해 본 일은 없지만
비포장도로 위에 박힌 돌부리 하나
단단히 박혀 길을 막아섰다

나뭇잎은 우수수 떨어져 바람에 날리고
차운 바람은 어디서 불어왔는지
옷깃을 여며 쥐게 하는 황량한 계절
갈 길 아직 남았는데
좀처럼 놓아주지를 않는 돌부리의 정체를 진단 중이다

이제는 하나둘 짐을 부려야 할 시간
어느 것 하나 소중한 것 아닌 것이 없는데
누가 그 짐을 먼저 부리겠는가

어머니께 요청드려보지만

선뜻 결정하지 못해 등 가득 짊어지고 멈추어 섰다

하늘은 연신 푸르기만 하다가 다시 흰 가슴을 펴 보이는데

오늘따라 하늘 나는

새와 구름과 바람과 나뭇잎이 한통속으로 날아와 보채는

염병과도 동족인 병을 앓아

가다가 멈추기를 반복하는 어머니의 수레 위 등짐 무거웁다

어머니의 수레(4)
-영혼의 노래

한 바퀴도 저 스스로 운행할 수 없는

나뭇잎 날아와 수북이 쌓이는

어머니 생애 위에 섬망(譫妄)의 나래 퍼덕이며 내려앉았다

워이워이

날아가거라 저 멀리 날아가거라

다독여 보기도 하고 윽박질러 보기도 하지만

여전히 떠나려고 하지 않는 채 버팅기려 한다

삶의 영역 안에 들면

누구나 제힘만으로는 어쩔 수 없는 정체를 향해

일생을 놓고 흥정을 버려야 하는

유한한 시간에 이끌림 받는 하늘을 향해 솟구친 나무만도 못한

워이워이

시시때때로 다시 내쫓으련다

어여 날아가거라 섬망의 나래여

때론 열심도

무기가 되어 자신의 분신 가슴을 치는 것을 보면

세상은 어느 것 하나 우리의 의지에 둘 수 없는 것

가련다 가련다

그래도 쉬 이별을 할 수 없듯이

있어 달라 애원을 남겨도 떠나고 말

수레여 푸른 숲을 향해 조금만 더 구르다가 멈추어다오

어머니의 수레(5)

– 병(病)

제 갈 길 잃고

가시덤불 힘 잃은 황무지에 정지해 있다

하늘은 높고 푸르고

먼발치 숲에서는

동안거에 들기 전 생물들의 생존전야제의 서막

푸석임의 연주가 시작되고

어제 본 그 한 사람 들풀잎 되어 드러누웠다

달려온 길 돌아보니 입구가 없다

누군가 남긴 표식을 따라 동행하였을 뿐

그 길도 출구는 될 수 없어

손차양하고 먼데 길 향해 그려보는 이정표

다시 키 고정하고 돌아와

애쓰는 사람들의 찌푸린 얼굴과 얼굴

변죽을 울리다가 돌아선 사람들의 한숨 소리들

정상 운행을 위해 발악하는 엔진의 고성

에너지를 주입하고 오일로 옷 해 입히고

시동을 걸어보는 어린 처자들의 손아귀의 힘

어디서 날아온 새 한 마리

날개 모으고 어머니를 눈 마중 중이다

영원한 본향 길 나설 시간이 이르렀나 보다

아직 보내드릴 채비 미처 준비 못 했는데

어머니의 수레(6)
-임계점(臨界點)

80여 생애
비포장도로를 지나오는 동안
문패 하나 겨우 내걸었거나 타인의 문패로
존재감을 대변했던 생애
그 사잇길에서 무슨 일이 있었는지를
나무들은 다 알고 있다

불쏘시개로 불 지핌 당하면서도
부지깽이 검게 그을린 재목으로 쓰임 받았어도
바깥마당 고욤나무 위 서릿발 앉아 까치밥 되어도
단 한마디도 변명않던 나무들은 다 알고 있다
사람에게만큼은 입을 굳게 닫는 이유를
돌아서는 어머니의 등짝에 대고 글로 쓴다

그 옛날 나무와 꽃과 들풀과 흙은 하나의 가족

그 족보를 잃은 21세기 문명인들 앞에서

생명의 의미를 묻지 않는 저들에게도 아픔은 있어서

누구에게는 비밀을 고백하고 누구에게는 침묵이다

오늘도 키 작은 나무에 등을 기대여 본다

나무의 물관부에 귀 대고 경청을 한다

팔십의 긴 여정을 마친

어머니가 섬망처럼 공표하는 것도

사실은 나무와 꽃과 들풀의 몸짓이자 언어란 것을

아는 사람들은 다 알고 있다

가장 순수하고 경건주의자라면 몰라도

길 떠나는 날 비밀을 애써 폭로하는 이유를 모른다

어머니의 수레(7)

-회상(回想)

잠시 내려앉는다

바람 빠져 한치의 영역도 벗어날 수 없는

잔 등 위에

잠시 업혔다가는 어르고 만지던 날 뒤로하고

잠시 떠나있으려 한다

바람은 연신 차가웁고

결정 장애아이처럼 이러지도 저러지도 못하는

어머니의 남은 시간들 위로

눈이 내리려나 보다

누군가의 눈물이었을 은빛 가루가 내리려나 보다

숱한 나날을

시시비비의 탑에 올라타 뒤흔들곤 했는데

신비한 일인 듯

내 영혼의 고향 문 여닫이만을 향해서는 신경전이 한창이고
아들은 여전히 결정 장애 자다

바람 차가웁고
눈 내린다고 해도
누구 하나 눈길 주지 않고 옷 여며 쥔 채 길 나설 때도
끄덕 않던 어머니의 수레
떠올릴 수 없는 듯 마음속 희미한 수채화로 남으려고 한다

어머니의 수레(8)
-간병인

등 돌려세우거나

나뭇등걸 위에 잇대어 세워 놓고

바람에 쓸려가지 않게 단단히 묶기도 하고

돌아와 창을 닦는다

딸기원 표 문지기*와 더불어 수레의 진공을 채워둔다

긴 여정을 홀로 걸어온

고독한 꽃 한 아름 안아도 보았을

곧 시들지도 몰라 애태우며 잠 못 들기도 했을

노상에서 만난 발자국들

깊게 파이기도 하고 진흙 벌에 빠져 곤혹의 시련도 겪었을

그 한 생애를 위해서

누군가의 도움을 받고 나앉는 여유도 삶에 필요해

여인에게 잠시 맡겨두고

주기만 했을 삶의 진공을

호호 마음껏 불어 배 불리고 공중에 띄워 본다

언제쯤 미소로 마음 가득 채우려나

먹물처럼 검게 그을린 시대가 두려워 창문을 걸어 잠그고

고대하며 기다려보는 얼굴

그 한 사람 타인에게 맡기고 돌아와 창밖을 연신 기웃거려 보는데

그이는 좁은 문을 열고 자꾸만 떠나려고만 한다

*. 딸기원에 거처를 둔 어머니의 간병인 황춘희 여사

어머니의 수레(9)
-신앙의 유산

나의 하나님이 어머니의 하나님

예수 그리스도를 주로 모셔 드렸다

걸음 잠시 멈추시고 성령님과 은밀한 대화 중이시다

신학 운운 멀리하시고

오직 찬송을 읊조리시며

말씀 묵상하시다가 발견한 낮달

하늘나라 티켓이라 여기시고 하나님 손 잡으시려는

어머니 면전에서

어떤 형용사로 표현할 수 있겠는가

제 자랑 늘어놓는 일이 다반사인 종교인 세상이 되어버린

침묵하며 때로는 항변하며 맞이하는 시대를 향한 진단서를

내보이며 여정 다시 고치고 길 나선다

할 말이 많은 것 같아도

눈만 보면 할 말 잃어 고개 숙이고 되뇌는 주기도문

하늘 향하실 임계점 다다랐는가

부어놓으면 원초적 본질로 돌아갈 육신은 작아지고

이적지 들어보지 못한 어머니의 언어

"누가 자꾸만 무엇을 주려고 해 받아 놓아라"

섬망이라기에는 미사여구 하나 없는 구체적 언어

"아들에게 주라 하세요"

천사가 미리 마중 나와 길을 예비하시려나 보다

누구든 오고 가는 길이 따로 있다는데

어머니의 고백 하나님 부르시면 기쁘게 가리라

선지 동산에서도 배우지 못한 어머니의 신앙 유산

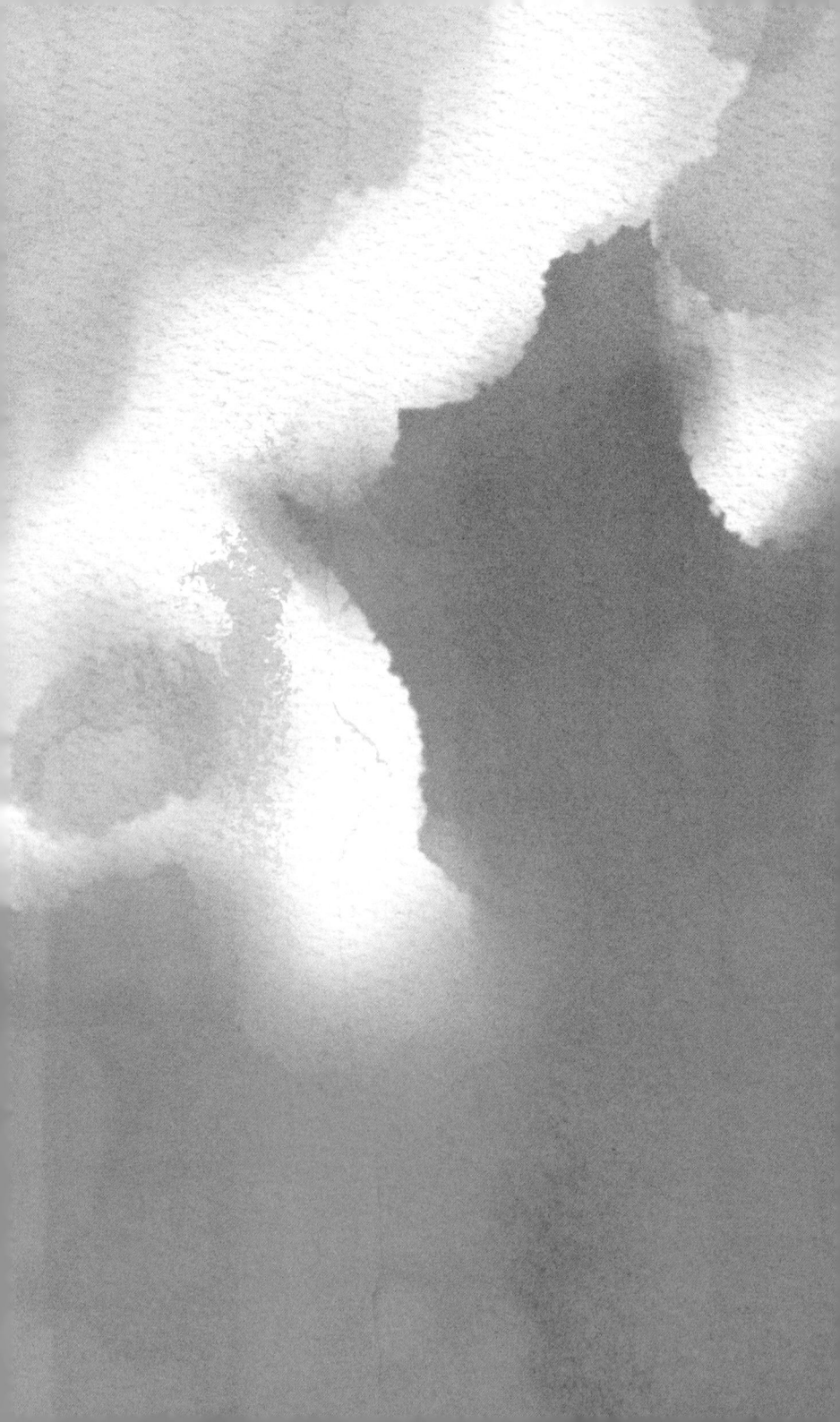

제2부

어머니의 잠

어머니의 수레(10)
-어머니의 잠

저 멀리

남의 집 문간에 맡겨놓고 돌아왔다

새경 몇 푼 쥐여 주고

며칠만 맡아달라고 청을 놓고 돌아와

잠자리를 폈다

며칠이나 동거할 수 있으려나

기약 없는 나날들 뒤로

해가 뜨고 달이 지고 하늘은 푸르렀다가 어두워지고

계산에 익숙한 생활습성이

오늘날 인생들을 기계로 만들어 놓았다

잠 오지 않는 밤

참회록 같기도 한 회심의 기도를 쏟아놓지만

영혼의 관류가 꽉 막혀 죄인으로 잠을 청하는 이 밤

찬 바람 스치우고

계산서 받아든 그의 곁에서 잠 못 드실 어머니

내 삶이면서도

어쩔 수 없이 수렁에 빠져서 헤매야 하는 시대

시 한 편 묶어서

회초리 삼아 종아리를 쳐댄다

울다가 지쳐 잠들면 몰라도 이 밤은 깊기만 하다

어머니의 수레(11)
-수목장(樹木葬)

찾았다

어머니 수레가 짐을 벗고

새가 되어 가벼이 나부낄

산과 물이 맑아 못다 씻은 영혼을 씻어 줄

한 시간 남짓한 언덕

그냥 눌러앉기로 한다

언제나 따라다니는 욕망을 덜고

떠나시려는 어머니의 옷고름에 베인 시름 씻고

자유의 몸이 되어

허물을 묻어 둘 곳

누구에게나 내일은 있기도 하고 없기도 한

그래서 촉촉한 가슴으로 부르는 노래

삶은 늘 그런 그림자로 다가와 보채기 마련

조금이라도 자유가 허락된다면

우리가 가서 머물 곳은 영원의 세계

그곳에서 어머니를 만날 수 있겠지

여정에서 만나고 지는 것은 모두에게 허락된 약속

집착은 말고

먼 훗날 그곳에서 만날 기약만을 남기고

바람처럼 흔들릴지라도 오늘은 사랑만 하기로 한다

어머니의 수레(12)
-관계의 모순

어머니 아시지요

어머니와 아버지의 생애 되지 않으려고 몸부림한

세월의 흔적을요

오늘은 그 수고가 물거품이 되어

들풀에 수북이 쌓이는 순간

바람 세차게 불어와 하나 남은 겉옷을 벗겨 갑니다

어머니

어머니의 삶도 다를 것이 없었겠지만

마음먹은 만큼 고통은 심해 오늘도 눈물을 보입니다

못난 자식은

이 시대를 향해서 다음과 같이 외쳐 보았습니다

어머니가 부럽다고요

언젠가 이르러야 할 파라다이스

그 출발지점에서 수고롭다는 숱한 인사말도 식상한 듯

눈 질끈 감고 그분 손잡고 떠나실 어머니가 부럽습니다

아직 시간이 얼마나 남았는지는 잘 모르겠습니다

초침은 가다가 서기를 반복하고 있지만

오늘은 꽃들마저 잃어버린 그 향기를 생각해 봅니다

어머니의 수레(13)
-내려놓은

너무 세게 끌지도 않겠습니다

너무 세게 밀지도 않겠습니다

힘을 주면 곧 부서지고 말 연약해진 영혼

당신 앞에서 어린아이 인양 미소만 지어드릴게요

바람 불면 훅하고 날아갈 가벼운 삶을

지켜 드리지도 못할 생애

힘을 주면 자취도 없이 부서지고 말

속이 상하고 슬퍼 미칠 것 같아서

당신 뒤에서 지켜만 보고 있을게요

빨래터 송사리 떼 고운 비늘이 그리워집니다

달밤 빨래하고 목욕도 하던 냇가에서 놀던

민물새우들의 긴 더듬이가 그리워집니다

손바닥만 한 물고기 떼의 아가미도 그리워집니다

풀 섶의 메뚜기떼와 연한 잎에서 졸던 청개구리들이

온통 그리워집니다

떠날 일이라는 것을 모르는 것도 아닌데

자꾸만 신경 곤두서는 이유를

정말로 모르겠습니다

당신 가시는 길을 외면하고자 하는 것이 아닙니다

사랑하는 마음이 입은 상처를 보여드리지 않으려고

침묵하는 것임을

앞에 서지 않고 뒤에 머물고 있음을

낳아주시고 가장 아플 때 보듬어 안아주신 분이기에

다 알고 계십니다

못된 계집애들이 들고나온 페미니즘의 거친 호흡

인류를 덮는다는 손톱만도 못한 교만으로 할퀴고도

부끄러움 모르는 이 앞에서 할 수 있는 것은 침묵뿐입니다

어머니의 수레(14)
-변화

사람이 태어날 때

핏기 하나 없는 생명 가진 피조물이었다

바람 불고 햇살 피어나고 빛 지고

하늘 아래서 유숙(留宿)하다가 보면

바위도 되고 돌도 되고 모래도 되고 물도 되고

들풀로 살겠다며 대지에 드러눕는 일이 다반사다

누구 하나 고상한 생애를 원하지만

학습이 부족해서

사랑을 잃고 아파하다가 탐욕에 젖어서

수줍음이 다가와서 그렇게 시든 것이다

스스로 져준 것이다

패잔병으로 돌아갈 수 없어서 가난을 선택한 것이다

그리 아니 하실지라도

병을 앓아눕기를 반복하다가 끝내 꽃이 되어

된서리를 맞을 때도 있다

가만히 돌아다보면

부끄러움 없는 생애가 아닌 삶이 어디 있겠는가

자화상 얼굴을 씻으며 가슴뼈 여며 쥐고 먼 곳을 응시한다

어머니의 수레(15)
-딴청

어머니의 가슴은 물결 이는 열린 우주

유래 깊은 영원한 고향 마을

어쩌다 인연이 된 그대들과는 달라

꽃이 되거나 한 떨기 꽃이 나은 그림자

섬망이 낳은 추상 언어는 천국을 향한 수신호

이미 영혼의 반은

그 나라에 살림을 풀고

주소지를 내고 돌아와 건넨 농담은

아픈 이별을 더는 슬프게 하지 않기 위해

어머니가 하실 수 있는 최상의 배려

이승의 날 저물기 전 그 언어의 의미를 해독 중이다

다 알고 있으면서도

이미 알고 있으면서도

시치미를 뚝 띤 채 이따금 천국의 방언을 쏟아놓는 것을

하나도 염려하지 않을 것은

이미 천국 티켓을 나누어 가진 천국 시민의 관계

셋방부터 살아온 가난 대물림하지 않겠다는 약속

퇴청이 임박한 병원 문 앞에서

장난을 치신다

그 장난기 어린 삶에도 여전히 농은 녹아있어서

오래도록 믿을 수도 없는

병환의 징조가 또 밀려오면 괜스레 토라지게 될 일

그 또한 깊은 이별 여정에 따라붙는 순한 수다의 연속

어머니의 수레(16)
-길

보셔요

어머니

정치를 경제를 종교를 인간에 대해서 묻는 말엔

한 말씀도 안 하시고 모른다고만 하셨던 어머니

아들의 곁을 떠나실 일상 정리로 분주하신데

여전히 대답은 하지 않으시네요

네 어머니

무슨 말씀을 하시고 싶으시겠어요

사람들은 잘난 척 너무나도 말을 많이 해서

다툼이 일고 반목 현상이 일고 있음을

서로가 남남이 되고 원수가 되는 각축장을

이제 떠나시려는군요

더는 하실 말씀 없으신가요

그리하실지라도 이정표 되어 주셔요
가슴속에만 묻어 두셨던 순수하고도 아름다웠던 언어들을
시인인 아들을 위해서 들려주셔요
어머니의 산과 들녘에는 여전히 꽃과 나무 우거져 있나요
부디 길 문을 열어 주셔요

아들의 시가 어떤 역할을 할 수 있을지
첫 시집 상재 하던 날 큰 기뻐하시던 일 기억하면서
다시 여쭙습니다
이 시대에 시인으로
어떻게 해야 상실한 인간의 기능을 치유할 수 있을까요
그렇게들 떠난다지만 지금은 어머니만 홀로 떠나십니다

어머니의 수레(17)
-가족관계증명서

좋은 기별을 위해 방문하곤 했던
행정복지센터
물어 물어서 타지 민원실 찾았다
머뭇거려 본다
가판대 위의 신청서류가 보이질 않아
애써 공인 근무 요원에게 물어 민증을 건넨다

두 개의 민증이 서로 엇갈려 오고 가고
비로소 받아든 서류에 뚜렷하게 기표 된
경순 충재 숙재 청재
이것 없으면 천국 가는 길도 어렵게 될 자본시장의 난제
여분으로 두 통을 신청했다
겨울비가 질척거리며 오가는 길을 귀찮게 한다

먼 이국땅

우크라이나에서 목숨을 잃은

팔레스타인에서의 비명에 간

배후의 세력들 색출 불가능한 시대로 판단 보류

어쨌든 한 사람의 생명을 거두기도 이렇게 힘든데

여정을 어긴 이들이 남긴 생사불명의 진단서가 비에 젖는다

이 땅에서

팔십 평생 가족으로 맺어온 숙명

풀물 들이듯 시름 가득했던 날도 많았던 시절이

이 한 페이지의 낱장 위에서

이별 편지가 되려나 보다

하나 남은 나뭇잎을 흔들어 낙장으로 던져버린 순간

어머니의 수레(18)
-안부

어머니

오늘은 겨울비가 내립니다

이상기온이 몰고 온 현상이기는 하나

곁에서 평안을 누리는 지체도 있어 다행이기도 합니다

보도블록 위에 내려앉은 나뭇잎들

이날은 빗질도 피해 갑니다

누군가는 이 길을 지나 떠날 것을 알고 있는 듯

하늘은 온통 젖어 있습니다

어머니

오늘 아침은 어떠셨습니까

누군가의 간섭도 짐이 되어

홀로 하늘을 바라다보시던 눈가에 맺힌 무지개

천국으로 향할 다리를 미리 펼쳐 놓으신 것인가요

나뭇잎은 누군가 뿌려놓은 편지

지금까지 어머니가 만나오셨던 이들이
하나둘 보내온 이별의 편지들입니다

어머니
아들은 영영 이별을 전제로 한 인사를 할 수 없을 것 같습
니다
분명히 또 만날 것을 알고는 있지만
이 땅에서의 인연도 적지 않은 의미이기에
남은 생애 되새기려고 가슴에 새겨 둡니다
어찌 인사를 하겠습니까

이적지 한 번도 고백하지 못했던 부끄러운 마음들
어머니 사랑합니다 정말 고맙습니다

어머니의 수레(19)
-샘물 호스피스 병원

어젯밤
지구는 난데없이 진한 고뿔을 앓고
사람들은 외출을 꺼려 했다
음식물 수거장을 다녀오는데도 오싹 소름이 돋아
미처 낙상하지 못한 산수유 불그스레한 얼굴 인양
오들오들 떨었다

지구의 한바탕 진통이 끝난 후
어머니는 부랴부랴 간단한 여장을 챙기고
길을 나섰다
아들의 부축을 받으면서 지상의 천국이라 소문이 난
임시거처로 자리를 옮기셨다
원기 회복하여 돌아오시겠다는 말씀이 꼭 메아리 같다

예전부터 들려온 소식

어머니 또한 누군가 떠난 자리에 임시 둥지 트셨다

익명의 누군가는 어머니 뒤를 이어 긴 긴 밤을 기다리겠지

어차피 내주어야 할 임시 거처

주소지 낼 수 없는 온돌 작은방에서

연일 찬송가 소리 울려 퍼진다

치료차 잠깐 다녀가신 회색 병동과는 달리

안온한 갈색과 흰색과 주황색 지붕이 어우러진

프로방스와도 같은 임시 둥지에 어머니를 모시고

눈물 머금고 뒤 돌아오는

언제 다시 돌아오실 수 있으시려나 그리움 가득한

어머니는 기약 없는 장기 외출 중이시다

어머니의 수레(20)
-까마귀의 절규

어머니의 장기 외출 배웅하는 날

전철 승강장 위로 까마귀 한 마리 날아들었다

달려오는 객차를 비웃듯

가벼이 옆 철길로 옮김 하여 쉼 없이 질러대는

의미 모르는 외침

뉘라서 외침에 답을 줄 수 있겠는가

굶주려서도 아닐 텐데

도심지 한가운데 문명의 외길 철로까지 내려와

아들과 등 마주하고 파드락 거린다

어쩌란 말인가

잡아둘 수도 없는 안락한 공간을 공급할 수도 없는

떠나는 모습 어찌할 수 없어 목울음만 운다

반포조 까마귀와의 눈 마주침에

밀려오는 크고도 깊은 부끄러움

고개를 들 수가 없어 연신 플레시만 터 뜨린다

바람 불고 비 뿌리고 지나간

철로 변에는 굵은 회초리 두어 개 놓여있다

어머니의 생애 결코 아들의 무고가 성립되지 않는다

어머니의 수레(21)
-며느리 최재완

허전하고도 텅 빈 수레에
며느리 태워 드린 지 30여 년
어머니 외로움을 잊으셨단다
고단한 세상 여행에 말동무 되었단다
잠시 오고 갔을 시각의 차이
그 사이로 꽃은 피어나고
향기 가득 나려 시름은 온데간데없고 정은 두터워만 갔다

이제는 가시려나
그 끝 간 데까지 함께 따라가지 못해 문전에서나마
인사말 나누는
여인과 여인 시어머니와 며느리
찬송과 기도가 유일의 통로가 되었을
아들은 늘 죄인의 몰매를 맞는다
반쪽이 없었던들 몰매로 인한 핏자국 지울 수 없다

끝자락에서 나눈 대화

아들은 잊지를 못해 활자로 남기려고 시를 쓴다

누군가 어머니의 안부를 물을 때마다

쏟아지는 눈물들

아내가 드렸던 사랑의 언어와 마음

어머니 가시는 꽃길이 되어 평안하다

두 여인에게로 전이되어 흐르는 사랑 비로소 벙근다

어머니의 수레(22)
-어머니들

누가 전해 주셨을까

어머니의 병환 짙은 안부를

현재와 이별을 준비 중이라는 것을

어머니들은 서로만의 소통하는 신호가 있는 듯하다

어설픈 듯하나 항상 정확한 소식통이다

추억이랄 것도 없는데

돌아보면 그 또한 어머니들에게는 추억이 되어

눈물을 보이신다

돌담을 헐고 왕래하며 마음을 깊게 나누시던 시절

땔감을 머리에 이시고 산언덕을 내려오시던

어느 것 하나

버릴 것 없는 어머니들의 추억이 되어

가까이서 멀리서 경계를 허물고

어머니의 병환을 염려하시면서

불쌍 타 불쌍 타 눈물 쏟으신다

한쪽과의 이별에도 눈물 그렇게 쏟지 않았다는데

유독 여인들의 한이 빚어낸 이별의 아픔이기에

한겨울의 비 내리는 온도를 느끼고

서로의 건강을 염려하며 눈물 훔치신다

아들도 덩달아 콧잔등이 시큰거려 순간을 깊이 앓는다

어머니의 수레(23)
-착한 삶

어머니
이제는 착하게 살라는 말씀 안 하시겠지요
귀에 딱지 되어 앉은 말씀
그리스도인이 되고서도 그 교훈을 듣습니다
발등상에 내려앉는 나뭇잎처럼
휙 사라질 듯도 한데
어머니의 말씀과 그리스도 예수의 말씀은 늘 하나가 되어
아들의 삶을 위한 이정표 되어온 까닭에
가끔 마음 아파합니다

어머니
착하게 살아야 하는 것은 맞는데
남을 아프게 해서는 아니 되는 것도 맞는 말씀인데
세상은요 세상은요
조금은 나쁘고 불편한 일탈의 습성도 배워 둬야겠습니다

착한 사람의 인생은

너무나도 괴롭고 그들 뒤가 불행한 것 같아서

조금만 거칠게 살라는 말씀 가르쳐 주심을 듣고 싶은데

어머니의 생애 앓은 병이 무거워 귀를 닫습니다

어머니

딸들에게 여전히 착하게 살아라 착한 사람 되어다오

어머니의 말씀과 예수의 가르침을 대언합니다

피할 길 주심을

피해 가야 할 또 다른 길이 있음을 알려 주어야만

상처받지 않기 때문에

처방전까지 동봉하여 내려보냅니다

어머니는 잊으셨습니다

처방 전 모르셨기에 착한 사람 되라고만 말씀하셨습니다

세상은 나쁜 사람들이 너무 많아서 슬픈 가시밭길입니다

어머니의 수레(24)
-위로의 언어

말(言)이 생명이 되지 못하고

갈기 달린 채 들로 산으로 달리는구나

산야에 풀어 놓은 물안개처럼

정신의 숲에 갈지자 길을 내고 휘달리고 있구나

꽃도 들풀도 고통스러울 뿐이다

말(言) 이 영혼을 달래지 못하고

야생속성을 지닌 말(馬)이 되어 들녘에 머문 것은

도무지 품을 수 없는 걱정 때문이라지만

한가지 바라옵기는

말(言)이여 돌아와 위로의 언어로 옷 입자

겨울나무 끝자락에 남아 거칠게 나부끼는

나뭇잎처럼 영혼을 가누지 못하는 이가 있다면

말(馬)을 잠재워

말(言) 순응주의로 돌아와

그 한 사람 품어 안고 위로자 되자

오늘은 말(言)을 잊는다

덩달아 말(馬)도 우리에서 잠든다

겨울비 내리고

조금은 안식하며 쉬어갈 우리들

사모한다 이렇게 서둘러 가시고자 애쓰는 그곳을

어머니의 수레(25)
-미래의 정원

누가 뭐라고 해도

어머니의 품에서 나고

어머니의 품에서 자라고

어머니의 품에서 나이 들어갑니다

어머니의 정원을 바라보면서

지나온 길과 당도할 또 다른 정원에서의 향연을

기약해 봅니다

어머니의 과거의 정원은

순수였습니다

어머니의 오늘의 정원은

아픔과 소망의 기로(岐路)입니다

어머니의 미래의 정원은 꽃 만발한 동산입니다

어머니의 헐벗은 가슴팍에는 파릇파릇 새싹 오르고

어머니의 거친 손안은 햇살 따사로이 앉을 것입니다

어머니

웬 겨울비는 이다지도 꼬리를 물고 내리는지요

한여름 끝자락의 미련이 담긴 듯

서너 날 추적추적 내리고 있습니다

이 빗길이 어머니 가시는 곳의 이정표일지 몰라

자근자근 빗길을 지나 생존영역으로 듭니다

세월의 유속(流速)을 기억하면서 날을 아껴두겠습니다

제3부

어머니의 양식

어머니의 수레(26)
-긴 편지

마음으로만 여쭙습니다

비 내리고 맞은 주말

기온이 툭 떨어졌습니다

오늘은 식사를 조금 하셨는지요

아니면 죽으로 한 끼 식사를 대신하셨는지요

속은 불편하지 않으셨는지요

어머니의 속은 온돌 바닥 온기만큼이나 따스하신지요

두문불출(杜門不出)

오늘은 잠시 쉬어갑니다

누군가에게는 나쁜 자식이라는 혹평을 받고 있지만

여전히 어머니 사랑하는 마음은 깊다는 것을

시인이기에 호평을 기대하지 않고 그냥 나이만 먹습니다

임지호* 셰프도 누구를 의식하지 않고 제 생모를 찾아

떠돌면서 뭇 노인들을 위해서 효도를 했습니다

어머니

세상이 꽁꽁 얼어붙어 깨지고 찢어지고 갈라진다고 해도

이날만큼은

꼼짝 않고 칩거하면서

삶에 대해서 생각해 보려고 합니다

조금 일찍 집을 나서는 것일 뿐

두려워 사랑할 용기를 잃은 날들이 부끄러워집니다

어머니

오늘은 우리 이렇게 지나온 날을 돌아보면서

전화로도 안부를 묻지 말고

속으로만 깊은 정을 나누기로 하지요

차가운 바람은 한낱 이 계절의 상징일 뿐

부질없는 인간의 삶을 뒤흔들지 못한다는 것을 알게 하신

신 앞에 그냥 엎디어 기도하면서 그리움을 달래기로 해요

* 자연 식물을 채집하여 요리하는 요리가 이기도 하며 다큐멘터리 영화 《밥정》의 주인공이다.

어머니의 수레(27)
-위대한 고독

지금 어머니는

가장 깊은 고독의 강을 건너시고 계십니다

그것이 고독인 줄도 모르고

노를 저어가십니다

언제쯤 천사들 배웅을 맞으실지 모르지만

그날이 언제인지 잘 모르지만 여전히 어머니를 향해

열려있는 항해의 물결은 찰랑이는 누군가의 눈물바다

그 바다 위를 날아가는 철새이십니다

어머니

이 세상살이의 거친 파도를 무서워하지 않는 것은

경험 많은 선장이 아닙니다

대왕고래를 찾아 길을 나선 포경선의 어부도 아닙니다

그저 바다가 그리워서

사계절 바다를 찾아서 몇 자의 그리움을 담아 편지를 쓰는

그 삶이

그 삶을 살아가는 순수와 용기 있는 삶입니다

어머니

어머니는 오늘도 고독의 강에 배 띄우시려고 합니다

저 멀리

불빛 찬란한 신호음이 들려주는 강 건너로

배를 띄우십니다

어여 가셔요

눈 내리고 강 단단하게 얼기 전

배 띄워 어머니 오라 하시는 그곳에 당도하셔요

어머니의 수레(28)
-어머니의 양식

오늘은 속이 편해지셨습니까

밥도

국수도 청해 드셨으며

과일도 곁들여 먹었으므로 배가 부르다 하십니다

간호실 직원들과 함께 영혼의 상처를 호호 불어주며

시와 시인에 대해 이야기도 나누셨다고 하십니다

어머니

내일은 마음의 인장이 찍힌 아들의 시집

서너 권 끼고 문안을 드리려고 합니다

인공혈관 이식의 시간이 다가왔습니다

혈관을 찾기에 애태웠던 님들의 간호를 위해서

미룰 수 없어 하는 시술이지만 마음이 여전히 불편합니다

밥과 국수 외에

어떤 양식을 주입할지는 모르지만
입 아닌 겨울나무 인양 깡마른 팔뚝이 아닌
또 다른 입이 될 인공혈관을 신설하려고 합니다
그 또한 어머니의 생명을 연장할 양식이라면
전신마취도 가벼이 견디셔야 합니다

가만히 누워서 어머니 영혼의 키 높이를 맞추기 위해서
허세는 부리지 않겠습니다
예배당에서의 허세를 부리는 믿음 없는 외식 인이 아닌
다윗과 같은 순수시인으로 살겠다고 배워 온 그 삶으로
이제 어머니의 양식이 될 통로를 넓혀 드리려 가겠습니다
오늘 밤 녹색정원의 꽃 한 송이 품고 내내 행복하세요

어머니의 수레(29)
-신앙

어머니 앞에 섰으나

자꾸만 중심이 흔들려 마음이 요동치려고 합니다

사람은 본래 본능을 가진 족속이어서

누군가를 찾기 마련이라는데

생명이 없는 물질만을 찾아가기에 분주해들 합니다

그들의 욕망이 불러온 까닭이라고 생각하면서

관계하지만

여전히 힘에 겨운 것이 사실입니다

예배당도 예외는 아니어서

가진 자 많이 배운 자 무지한 자의 의미 없는 말에 의해서

유지되는 것 같으나

예수님은요

본래부터 가난한 자의 편에 서셨기에

불편한 환경의 인간을 사랑하셨습니다

제사보다 순종의 삶을 산 그들의 예배를 받으셨음을
어머니의 생애를 통해서 알게 되었습니다

미처 몰랐던 것이 화근이 될 수는 없지만
어머니에게 나고 자라고 나이 든 아들은
하나님 앞에서 순종과 순수를 행하고 있음을
그래서 가난하지만 많이 배우지도 못했지만
본능의 순응주의를 알기에 머리 숙여 기도할 뿐입니다
어머니 감사했습니다
눈물 쏟으시며 드린 새벽기도 사랑을 받고 살았습니다

어머니의 수레(30)
-종은, 종희 사랑

할머니를 끔찍하게 사랑한

두 딸의 삶은 다르다 그러나 같다

가르쳐 준 것도 아닌데

그 사랑의 깊이가 깊다

하늘의 기류를 향해 비상하는 철새를 닮았다

단잠 청한 작은 딸의 꿈속 길로 오셔서

제 아비를 극진히 사랑한다며

딸을 위로하고 의자 아닌 트렁크에 드러누워 가시는

제 할머니를 보고 눈물을 왈칵 쏟았다던

잠에서 깨어나서도 눈물을 그칠 수 없었다는 딸

상한 피 진동하는 응급실에서의 서너 시간

제 할머니 병환을 위해 진단하고 검사하고

코로나 신속 항원 검사 마다치 않고 머물다 병실에서의 동거

큰딸의 두려웠을 마음 누구인들 알 수 있었으랴
아비 어미 닮았다고 하나 연신 부끄럼 속의 지느러미다

이 차가운 계절 맘과 몸 무거우셨을 텐데
손녀딸의 꿈속으로 응급실로 찾아오신
어머니의 영혼
영혼은 본시 길 없이도 시간 구애받지 않아도
천 리 간다고 딸들의 영혼과 은밀히 만나고 돌아가셨다

어머니의 수레(31)
-병원이송

이사를 다녔던 추억이 생각나

갑자기 마음이 가난해집니다

그렇다고 영혼까지 빈궁한 것은 아니지만

그것도 추억이라 생각하니

옛 기억이 떠오르고 그리움의 날개가 펼쳐지니

진짜 시인은 시인인가 봅니다

그리 길지 않은 모월 모일

청천벽력 같은 소식은 어쩔 수 없이

인간의 연약함을 드러내는

수면 위로 융기한 돌부리를 닮았습니다

병원에서 병원으로 또다시 병원으로

어머니는 자꾸만 예정에도 없는 이사를 다니십니다

좁은 베드가 전 재산인 양 겨우 몸 가누며

반기는 이 하나 없는 백옥빌딩 숲으로

샀을 세도 아닌 시간 밥을 먹으며 거금을 지급하고도

배가 부르지 않는

그러면서도 어쩔 수 없이 이사를 다니십니다

추방자도 아니면서도 빈손인 어머니가 슬퍼 보입니다

오늘은 어머니를 따라다니며

그 옛날 가난했던 신분으로 돌아가 봅니다

배 주리지 않는

더욱이 생애 비겁을 모르고 제 길의 이정표 된

사내이기에 하나도 서럽지 않습니다.

그런데 내 어머니가 자꾸만 불쌍해 보여 미치겠습니다

어머니의 수레(32)
-휴대전화

간호사가 건넨 말의 꽃향기를 맡으면
어머니는 휴대전화를 애지중지 여기신단다
가끔은 불통
가슴 철렁 내려앉는 절벽에 세우기도 한다
꼿꼿이하기도 하고 노래를 부르기도 하는
가장 안전한 곳에 계신 어머니
괜스레 어머니를 향해 애를 태우는 순간들

어머니의 휴대전화는 폴더
접었다 펼 때마다 볼륨키가 내려앉아
소리가 잦아들어 벨 소리를 들을 수 없음이 몰고 온
마음속 이상기류
늘 안부를 궁금해하는 자식들의 속은 타들어 간다
어머니 또한 그러하셨으리
몸의 이상만큼이나 잦은 비열음을 내는 휴대전화

가다가 서다가를 반복하는 시계만큼이나

익숙한 우리네 삶

어머니가 계신 호스피스 병동을 향해서 전화를 건다

불통 혹은 통화

다가오는 어느 날 어머니를 찾아뵈야겠지만

무소식이 희소식인 것을 알고는 있으면서도

괜스레 가슴 졸이는 어머니의 고장 난 말년의 생애

어머니의 수레(33)
-묵상

곤고함에 이른 사내들

서로의 입을 보며 말을 바꾼다

여식들도 별반 다를 것이 없다

나이 들어서는 남과 여 입을 굳게 다물어야 하는데

모든 화근(禍根)은 입으로부터 온다는 사실들

난처하면

침묵하며 입 대신 오각을 열고 눈을 열어

미소 살짝 짓고

고개 한번 푹 숙여주면 되는 일

괜스레 남의 옆구리만을 걷어찬다

어머니

감사합니다

중언부언(重言復言)보다는 깊은 묵상의 맛을

고집부리며 핑계 대기보다는 고개 숙일 줄 아는

작으나 감사와 부끄러워할 줄 알게 하심을요

어머니의 수레(34)

-시인

어머니 자궁 속에서 태어나

산과 들을 깊게 물들여 놓았습니다

시절 절반은 산과 들을 놀이터 삼아 산 이유입니다

그 이후의 삶은

가난 때문에 못난 그림자만 지우고 살았습니다

헛방질 칠 때도 부끄러웠고

잃은 것과 빼앗긴 삶 앞에서도 부끄러웠으며

그리운 사람들 보낼 때조차도 부끄러웠습니다

삶의 절반이 부끄러움이었는지 모릅니다

오늘은 그 부끄러움을 깨끗이 씻어내렵니다

시 한 편 쓰일 때마다

시 한 편 읽히울 때마다

시 한 편 순백 노트 위에 그릴 때마다

영혼은 노을빛 강을 따라 가닿을 마을을 그리워합니다
어머니도 곧 그곳으로 가시겠지요

어머니
생애 절반을 시인으로 시의 집을 짓고 산다는 것은
아주 큰 행복입니다
돈 되지 않지만, 그보다도 훨씬 소중한 기쁨을 얻게 됨을
노래처럼 되뇌며 어머니를 먼저 보내드리렵니다

어머니의 수레(35)
-病과 詩

기온이 몹시 차갑습니다

그 가난한 어린 시절 얼음 지치고 썰매 타며

밭둑과 논둑에 쥐불을 피워 옮기며

종일 밖에서 놀아도 보았는데

오늘날은

보일러 기계 삽입해 놓고

모닥불 피우지 말라고 경고성 계고장을 난발합니다

이 차가운 밤

어머니의 신열(身熱)은 몇 도를 가리키고 있습니까

어머니의 통증만큼이나

어머니의 토(吐)의 수효만큼이나

어머니의 숨 가쁜 만큼이나

시가 쉬 쓰이는 것은 어인 까닭인지

거친 숨 몰아쉬면서 볼기짝을 때려 봅니다

오늘 써지는 시는 시가 아닙니다

어머니께 미처 고백하지 못했던 삶인 아들의 마음입니다

어머니를 보내드리는 이별의 눈물입니다

어머니를 어찌할 수 없는

아무것 해 드릴 수 없는 무능(無能)한 아들의 한숨입니다

어머니를 보내 드리면서

또 다른 이별을 준비해야 할 기별과 사연입니다

어머니의 수레(36)
-절대고독

어머니 마지막 가시는 길 어려워하지 마세요

위로도 필요치 않습니다

예수님 믿고

최선을 다해 사시다가

타인을 향한 동정 구걸 않으려고

일생을 노쇠 뒤를 따라서

등짝 벗겨지도록 노동을 하셨고

많이 배우지 못해 부끄러워하지도 않으셨습니다

원 없이 예수 믿고 기도하신 어머니

천국 가는 길 많은 사람 배웅 안 해도

천사들 어머니와 동행하여 주시니

외롭지도 않고 쓸쓸하지도 않습니다

얼마나 많은 예배를 드렸는데

가시는 길 위로할 사람들 없다고 슬퍼하겠습니까

그냥 천사들 손잡고 가셔요

아들에겐 결코 아픔도 슬픔도 없습니다

성령님 손쓰시고 배웅 예비해 두셨으니

모래알만큼의 걱정도 하지 않겠습니다

아들의 남은 생애를 위해 피운 고독의 꽃향기로

천국 가는 길 이정표 삼겠습니다

가시는 그날까지 어머니는 아들을 위해서

깨달음을 남겨 주십니다

어머니 몸 가눌 길 없으면서도

아들 위해 몸 버려 가르침을 주십니다

어머니께서 살아오신 세상일로

아들 곤고함의 강에 빠져 낭패를 당할까 봐서

임계점에서도 불 밝히시며 몸소 길을 알려주십니다

어머니의 수레(37)
-눈 편지

눈 편지 한 통으로

기별을 넣고 달려간

희디흰 백합을 닮은

눈 내린 들녘을 지나서 든 어머니의 세상

"어머니 그림자 위로 함박눈이 내리고 있어요"

화이트 크리스마스

누구에게는 잊을 수 없는 추억의 세상

어머니의 길은 꽉 막혀서

온기로 기별을 넣고 손을 뻗어보는 이 밤

"산과 들이 흰옷을 입고 돌아앉아 있어요"

더는 외롭지 않아

시의 집을 짓고 무료 분양을 하는 행복

언어의 받침대 꺾기보다는 오히려 침묵

햇살 내리기 전 이른 아침에 맞이하는 눈 편지
"눈 위에다 그리움의 답장을 또 써요 어머니"

무엇이 진짜인지
살아있는 이들에게는 진실을 물을 수 없어
임계점을 눈앞에 둔 어머니께 다시 묻는다
세상 끝자락은 아직 먼듯한데 막장과 같은 세상
"아직도 순수를 파종 중입니다 어머니"

어머니의 수레(38)
-낭패

어머니 담도(膽道) 위에 핀 불꽃

예민한 듯 촉각만 곤두서

좀처럼 가라앉지를 않습니다

어디를 가야 이유를 알게 될지

누구에게 물어야 해답을 받아 돌아올지 모를 세상입니다

서너 날은 한파가 몰려오더니

서너 날은 폭설이 내리더니만

한 주 내내 포근한 날이 연이어 찾아왔습니다

연일 기후 변화를 알 수 없어

목도리로 칭칭 동여매고 길을 나섭니다

변화는 예사롭지 않아

정치인들 입의 말을 바꾸게 만들고

종교인들 입의 말도 그렇고

거리에서 만난 상인들의 말도 그렇고

마음마저 바꾸어 도무지 무엇이 진실인지를 모르겠습니다

밤하늘의 별이 왜 사라졌는지를

연잎의 청개구리들이 왜 보이지 않는지를

굴혈을 내고 기생하던 땅강아지가 왜 보이지 않는지를

모 위에 살포시 내려앉던 금 날개 잠자리도 보이질 않고

송사리 떼들은 더욱더 자취를 감추었는지 모르겠습니다

기후의 변화는

작은 별을 온통 병들게 하고

그 배후에서 가면을 쓴 채 이권만을 챙기던

인간이 있었음을 이제는 말해야겠습니다

서로 정해진 곳 찾아가는 길마저 막혀 발만 동동 굴립니다

어머니의 수레(39)
-마음 밭

출근길 풍경 하나 마음에 담아 둔다

실개천 무리 지어 날아든 고니 떼들

차가운 물 깊이 발 담그고 모이 중이다

이제는 한반도 진영을 떠나

심연의 세상 향해 날아오르려나 보다

좀처럼 모이가 끝날 것 같지 않아서 가던 길을 간다

김치 단지를 옮기는 중년의 힘

누군가의 호의가 밴 택배 상자를 여는 아내의 손

난생처음으로 김치를 얻어먹는다

한 번도 걸러 본 적 없는 어머니 표 김장김치

어머니도 철새들처럼 이 겨울 실개천에 발 담그셨다

제 영역을 떠나기 전에 누구나 하는 예식인가 보다

때론

어머니의 손이 무겁기도 하고

받는 것 자체만으로도 마음이 무거웠는데

어느 사이

그 짐들이 일제히 비워지고 이제는 공허함만이 찾아와

덩달아 겨울 실개천에 나가 발을 깊이 담가야 할까 보다

어머니의 수레(40)
-빈손

오실 때 빈손

세상 잠시 머물 때를 제외하고는 빈손

너와 나

비우지 못해

미움과 질투

뉘 영혼까지도 깊이 상처입히는 시대

드러누울 때

신체 위로 융기한 탐욕의 뿌리는 가리우고

언제 적 술수인가

묘비 위로 난 공적 위주의 화려한 문구들

떠나고 나면 드러날 진실의 유무

비우고 돌아서기가 이토록 힘든 일인가

누구는 신 앞에서

전설과 같은 제 유전자를 달래기 위해서 기도하고

더러는 위장술에 이끌리나

성령의 눈은 피해 갈 수 없어

일평생 분별력을 구해온 이 앞으로 드러난 실체

어머니의 생애는 화려치는 않으나 순수 들꽃입니다

어머니의 수레(41)
-사유(思惟)

어머니의 거울 앞에서

옷을 벗고 해부의 칼날을 긋는다

생각의 절반이

슬픔과 아픔인

미움과 저주인

이별과 그리움인

이 밤을 꼬박 새워야 할까 보다

신앙의 거룩함이

시 한 편 그려내지 못하는 백지와 같고

연판장을 옮기는 쪽지로만 이용당하는 듯한

현상들을 보면서

눈 녹지 않는 들녘에서 홀로 무릎 꿇고 싶은

어두운 밤에 고독과 씨름을 한다

야곱과 같이 환도 뼈가 부러지도록 씨름을 한다

어머니의 작은 거울 속에 비친 세상

그 세상 속으로 들고나는 사람들

여전히 생각의 절반은 얼어붙다가 해빙되기를

반복하는 어리석은 인생

그 삶만 보면 만삭에 이르지 못한 꼭 바보 같다

자꾸만 다가서면 멀어지는 예수의 은총

홀로 운명의 순례객이 되어 묻고 또 묻는다

쓰다가 만 일기처럼

깊이 잠들지 못하는

숙고의 삶 속에 예수 그리스도의 이름을 부르다가

가슴 치며 잠든

이것도 순교란 덕목을 향한 이유가 될 수 있을까

제 몸에 맞지 않는 옷을 입고들

섣부른 거룩을 외치는 이들 대오를 보면 또 슬프다

제4부

배웅하는 사람들

어머니의 수레(42)
-시 치유

샘물 호스피스 3동

요양보호사가 시를 읽습니다

어머니 마음과 귀에

시를 읽어 드립니다

아들 시인의 시를 잘게 부수어 물려 드립니다

아버지가 읽으셨던 시집

'붕어빵 장수와 시인'을 들으면서

갓 구운 붕어빵을 드십니다

그동안 돈 되지 않는 시를 써 오기는 했지만

귀 기울여 주시니 효도가 되긴 한가 봅니다

요양보호사 여사님 시인의 마음을 품고 계십니다

답례로 서너 권의 시집을 또 보내드립니다

시를 듣지 못한 영혼들도

임계점에서는 어린아이가 된다기에

시 영양제 무상으로 넣어 드립니다

시를 소화 못 하시던 어머니가

아들의 시를 드시고 평안을 찾듯

중심 잃은 영혼들이 시 한 수저 들고 기뻐한다면

지금까지는 시를 팔아 빚만 져온 시인에게

이보다 더 큰 행복은 없습니다

어머니 감사합니다

시 드시고 영혼의 배 많이 부르시어

천국 가시기까지 많이 많이 평안하세요

3동 여사님과 시 요리 많이 해 드시고

천국 가시는 길 기력 잃지 마세요

어머니의 수레(43)
-빈집

네 자리 인생 번호 누르고 든다

설국의 비품들이 눈 감고 앉아 있다

어머니가 쓰시다가 던져놓은

리모컨도 그렇고 쇼핑백의 겨울 외투도

그 자리에서 꼼짝 안고 있다

떠나면

남는 것들은 공허함과 절대 고독뿐

생명 가진 것들은

모두가 주인을 따라가 몸을 숨긴다

어머니 온기를 잃은 것들을 위해 부동산을 찾는다

누구인들 예외 없이 떠나야 할 존재들

비움의 본질을 알고 이별을 준비하면

덜 슬플 것 같아서

어머니의 빈집 냉골 방에 발을 들여놓는다

살아 있으되 함께 하자 할 것들을 만날 수 없다

어머니께 전하는 안부

눈물만 고이다 떨어지는 식탁 위의 인연들

어머니는 이 현상을 알고 계실까

서랍장의 소품들은 그냥 두고

다시 인생 번호 눌러 잠금 하고 돌아서 온다

어머니의 수레(44)
-시간들

예사롭지 않은 행보
별을 따라 아기 예수 찾아온 동방박사들처럼
그대 가슴에 무엇을 품고 예까지 왔는가
켜켜이 쌓이고 짓이김 당하고 일탈된 지난날들
또 한 해는 이렇게 저물어 간다

멈출 수 없는 시간의 속도전에서 아이처럼 눈물짓는 이유
고장 난 시계처럼
잠시 동안만 멈추어 준다면
여호수아의 해시계 기적을 기다려보지만
생과 사의 현장에서 씨름하는 민족이 있어 아프다

어머니의 시계 초침은 왜 이렇게 요란한가
한 해 끝 정서는 책 멍을 통한 성찰의 시간으로 보내고
가자지구와 시온주의자 저마다의 예식을 보면서

신을 향한 삶은 멀고 거룩성 또한 전무한 것을 보며

묵상으로 밤을 살라 먹고 진실 속으로 잠들리라

어여 가라고 한들 서두를 수 없고

천천히 가라고 한들 고개 숙이고 공감성을 잃는

자전과 공전의 힘이 아닌 절대자에 맞춰진 시계는

인간의 생애에 초점을 맞추지는 않는다

내일을 기약하는 순수한 고백 속에 삶을 맡길 수밖에

어머니의 수레(45)
- 함박눈

낮은 포복으로
하얀 염미복 갖춰 입은 그이들이
두리번두리번 눈치 보지 않고서
한반도 전역을 바람처럼 찾아와
상처 입은 영혼들의 이마 위를 쓰다듬고
꾹꾹 지압하면서 지나가네요

조금 잃은 것
조금의 아픔은 참아야 한다며
바람을 동반하여
인간 세상 곳곳을 어루만져주며 지나다녀요
어머니의 생애 주변도 한때는 이러셨겠지요
아들은 순간 온기로 위로를 받습니다 어머니

미끄러짐은

또 다른 미지의 세계로 난 출구

불편과 아픔은 누구누구의 것

예외일 수 없어 고개 깊이 숙여보는 순간

말 욕심이 불러온 신뢰의 불협화음

음에 맞춰 춤추는 눈바람 닮은 이들과의 불편한 공존

새하얗게 차려입은

그들의 손 잡고 들로 산으로 길을 내고 가요

서너 날은 그곳에서 머물다

꽁꽁 얼어붙은 명태가 되어 다시 돌아올지라도

모순의 비늘을 벗고 순수 그 시절을 찾을 수 있다면

어머니 조금은 얼어도 개안습니다

어머니의 수레(46)

-12. 31.

눈발이 미루나무에 걸리고

빗물이 사철나무에 걸리었는데

누군가 발을 끌며 그 사이로 지나가네

숨소리 고요하게 지나가네

멍텅구리 식 삶으로 일관해야만 했던

그 누구도 덩달아 거칠게 지나가네

말은 거짓을 쉬 담아내서

글로써만 자기식 의사 표현으로 삼아온

지난날들이 또 문지방을 넘으려고 하네

'Fogotten Love' *

속절없이 가슴만 쳐 대는 통에 그이가 미워져

예배당 지붕 위 십자가를 바라보네

지금까지 고백해 온 신앙고백도

저만치 들풀잎에 걸려 징징거리기만 한데

나사로의 지난날 삶이 자꾸만 아른거려서

오늘은 그리스도인이란 신분을 뒤로하고

오직 죄인이었다는 무지를 모르고 예수 이름만 불러온

바리새인 적 신분을 버리기로 했네

어머니

나의 등에 깊이 박힌 교만의 대못을 봅니다

저이의 가슴팍에 단단히 박힌 가식의 나무못도 덩달아서

오늘은 곱으로 이날을 기념하면서

영혼의 시술을 연장하고 싶습니다

않고서는 새해를 맞을 수 없을 것 같아서입니다

어머니의 하루 일 년 365일은 평안하시나요

무지개처럼 화려하지는 않았지만

시집이나 성서를 읽을 희미한 가로등 불빛만 있다면

행복했던 지난날들을 기억하거나 망각하는 일이

누군가에게 주어진 자유지만

오늘은 그 누군가에게는 분명 특별한 날입니다

---

*. 폴란드 영화 미하우 가즈다 감독. 한때 저명한 의사였으나 가족과 기억을 모두 잃어버린 남자. 잊힌 과거 속 인물과의 재회를 통해 구원의 기회를 얻는다.

어머니의 수레(46-1)
-사람 맞아

우리 사람 맞아

보시기에 심히 좋았다던

서로 보듬어 안고 노래하자던

때론 차 한잔 나누고

미소 지으며 서로의 안부 물어 주던 그 모습들

맞기는 한 거야

왠지 소름이 돋아 더는 다가설 수 없을 것 같아

애써 꽃 한 송이 모종을 하지만

밤새 호호 웃어주며 머리 쓰다듬어도 줄

꽃이여 오래도록 동거하자

혹 숨 막힐 것 같으면 살짝 말해주렴

아무 말 묻지 않고 정화된 들녘으로 돌려줄게

어머니의 수레(47)

-1. 1.

새 옷을 입고 올 거라며

축복의 메시지 문자를 전송하느라

곳곳에서 카톡카톡 연신 딸꾹질이다

최소한의 예의만 갖추고자

기기를 열고 응답 코너로 가 물을 마신다

지난 연말도 그렇고

새해 새날도 그렇고

조용히 마음 문 열고 구석구석을 씻어내는 일로

소일하고 싶어서 두문불출하는데

세상은 고요보다 요란해야 열심을 내는 듯 착각이다

취할 것도

취한 것도

쓰고 사용하기에는 넉넉하고도 남는데

호들갑 떨며 상처 주기 위한 위장술은 늘어

대면보다는 상상의 나래를 펼치며 시를 쓴다

누구에게 물어야 하는가

사노라면 답답증과 울렁증이 일어

길을 물어 위로 삼고 싶은데

그리움 반 미움도 반 세상은 균형 잡힌 듯하나

속수무책 슬픔과 아픔이 뼛골 사이로 스미어 든다

안녕히 가세요

인사말이 하나도 슬프지 않은 것은

어제나 오늘이나 세상은 불변

우리가 머물 곳은 이곳 아닌 지금까지 세 들어 산 것

어머니 이제는 마음 놓고 가셔도 되겠습니다

어머니의 수레(48)
-나신 날

배웅을 나가봅니다

누군가 올 것 같아 바람을 맞으면서

살가운 그리움 풋풋하게 나부끼는

마음으로 기다려 봅니다

한마음은 그리움이고 기쁨이고 행복인데

그 등에 업혀 오는 날은 여전히 아픔이고 슬픔인 것을

어쩌겠습니까

이와 같이 인간인 우리의 바람에는

불순물이 섞여서 공존하는 까닭에 자꾸만 토막이 납니다

그러나 먼저 온 행복한 날을 위해서

마냥 기뻐해 봅니다

눈물을 닦고 어린아이처럼 행복해하겠습니다

감사했습니다

어느 날보다도 어머니 나신 그날을 축하드립니다

애타게 기다려온 지난날 기념일은

풀어진 지푸라기처럼 의미를 잃고

맞이하는 이 날은

서산에 걸린 붉은 해와 그네 질을 합니다

반은 기쁘고 반은 슬픔이 가득한 채 맞이하는 이유를

누구에겐들 고백하겠습니까

세상에 나면 또 한세상으로 가는 일이 당연한 것을

어머니 수고 많으셨습니다

낳으시고 기르실 때는요

수수 팥떡 조금이라도 더 올려 자식들 배불리시려던

넓고 깊은 그 마음

이젠 한겨울 자작나무처럼 까칠한 피부에 붓기 가득 오른

어머니 거친 숨소리에 장단 맞추면서

마음 담아 노래 한 소절 불러 드립니다 어머니 사랑합니다

어머니의 수레(49)
-인생 그네

쌍그네를 타신다

울렁증 일렁이는 허공을 향해서

서너 번 수십 번을

별처럼 반짝이는 동공의 흔들림이 좀처럼 멈추지 않는

그네 질에 몸을 맡기신 어머니

어릴 때 뱅뱅이에 올랐다가

기절초풍하는 줄 알았던 아들의 생애가

이와 같다면

분명 어머니의 속은 몇 번이고 뒤집혔다

비는 수직으로 내리다가 사람 속을 쓸며 사선으로 내리고

누구의 손을 빌릴 수도 없는

평생의 절반을 의지하고 믿어온 신앙

위로와 평안을 달라고 간절하게 외친

지난날의 순간들이
하늘의 구름떼처럼 찾아와 상처를 덮어주기를

비는 눈으로 옷 갈아입고
차량은 빗길과 눈길 사이로 속도를 내고
저잣거리에는 흥정하는 사람들의 된소리
한 계절 내내 벙글던 풀잎은 온기 잃어 숨 거두고
어머니의 생애 크고 넓은 창이 열렸다

어머니의 수레(50)
-곡예

몇 굽이를 넘어야

금잔디 풍성한 정원에서

만찬을 즐기실 수 있으실까

임 오시면 달려가 안길 날을 기다려보지만

목마르도록 애타게 부르다 안길 목전에서

맞이하는 절규 같은 시련의 순간들

자꾸만 숨죽여 오그라드는 목소리

이승에서의 모든 것은 쓰다 보면 바닥나

아껴둘 목적이라면 몰라도

전화기 속으로 들려오는 어머니의 목소리

안으로 오그라드는 소라의 속살 같아서

도통 알아들을 수가 없다

그토록 왕성하던 식습관도

통증이 몰고 온 소화기의 장애로 길이 막혀

한 숟가락도 떠넘기지 못하는

링거로 장기 깊은 곳까지 공급해야 비로소

겨우 버티는 생명줄

몇 번을 새로 놓고 서로 잇대야 춤추며 가실 수 있을까

어머니의 수레(51)
-밤이슬

고단한 차량 행렬들

잠든 저녁과 새벽 공터

밤이슬 가벼이 내려앉아 성애를 먹이고 잠깐 쉬라며

손짓하는 통에

어머니의 병환을 생각해 봅니다

이 땅의 거룩한 존재자로서의

그리스도인들의 진실함과 순수한 영혼에 대해서도

생각해 봅니다

'심판 날 다시 만날, 분쟁하는 목사와 교인들'

조나단 에드워드의 마지막 설교를 읽습니다

밤이슬 내리는 날

시절은 속절없이 하품만 해대며 지나고

곳곳에서 들려오는 마음을 찢는 소리들

자신을 드러내 치유를 시도해야 하는 시간
세상 곳곳은 여전히 찬 밤이슬만 먹습니다

어머니
속은 불편함이 없으신지요
영혼이 평안하다면 육신의 일쯤이야
밤이슬 대지 위에 내릴 때쯤이면
우리의 심장 역시 차디차게 식어
언제 적 일인 양 추억의 문지방을 넘어서겠지요

어머니의 수레(52)
-배웅하는 사람들

무엇을 준비할 수 있을까
쉬 부러질듯한 뼈를 품은 가슴으로
누구를 위해 위로를 할까
몇 마디 물고 있다가 내뱉는 것이 전부인
심장에서 유입되지 않은 붉은 강물과 같은
영혼의 쓰나미가 흝고 지나가는 일상들

힘겨운 일상의 가지를 머리에 이고
들녘 찬 바람맞으며 달려와
시계 초침의 울림을 맥박 위에 올려놓고
풀어져 수심이 내려다보이는
누군가의 생애가 애달 봐 홀로 보낼 수 없어
먼 배웅을 나선다

수없이 건넸던 인사말은

단 한마디도 할 수 없어 가슴만 부풀어 오르고

언제일지 모를 동행을 잊을 수 없어

겸허한 모국어로 쓰는 편지

어머님 전 상서 영원히 그리울 겁니다

눈도 비도 아닌 것이 앞을 가려 쉬 다가설 수 없는 거리

어디쯤 가고 계실까

영혼의 갈 길을 위해 노면을 닦는 일이 노동이라면

어머니는 이 노동을 위해 평생 근육을 만든 셈이다

새벽녘 홀로 기도드린 까닭도

당신의 종착역을 위해 꽃모종을 하신 것이다

가시는 그 길가에 꽃 만개하여 향기가 짙다

어머니의 수레(53)
-아름다운 이별

꿈 이야기 들려주시며
이제는 마지막 날일 것 같다며
두 손 꼭 잡고 눈물 자아내시던 어머니 곁에서
덩달아 눈물 쏟았다
천국 가는 길도 이별 앞에서는 슬픔의 흔적이 고여
눈물만 뿌렸다

샘물 호스피스 병상에서의 팔순 잔치 위해서
준비한 떡과 과일 그리고 음료
모두가 슬픔에 촉촉하게 젖어 먹을 수 없고
목매어 찬송가도 부를 수 없다
의료 천사님들의 고백
병환의 중함 앞에서 의지가 대단하시단다

지금 보내드려도 후회하지 않아도 된다는 말씀

어머니의 속 장기는 북풍한설이라는 숨은 의미
바람 차가웁고 눈 덮여 길 못 찾을 것도 아닌데
어머니는 누구를 기다려 눈 감지 못하시는 걸까
아침 고백대로라면 천국행 준비 다 마친 듯한데도
어머니를 위한 이별 예행연습은 아직 필요한가 보다

어머니의 수레(54)
-마음의 준비

정말 다가온 것 같다

어머니를 보내드려야 할 환송의 시간들

지금까지는 메아리처럼 들려온 말들이

실제 언어가 되어 귓전을 타고 가슴을 친다

한발 다가선 현실적인 대안들

예행연습이 주어지지 않은 실전에 돌입하기 위해

마음 추슬러야 할 준비를 시작한다

이제는

구체적인 준비물들이 하나둘 노트에 필기 되고

그 준비물을 위해서 헌물을 투자하고

장소를 섭외하고 보내드려야 할 루트를 생각하고

단호하게 가족애를 다시 한번 체크하고

서둘러 돌입한 어머니를 위한 환송식에

아들이 해야 할 일을 빠뜨리지 않기 위해 안간힘을 쓴다

"행복했다"

"참으로 행복했다"

"이제 가야 할 임계점이 이르렀구나"

"하나님 부르시니 기쁨으로 가리라"

어머니의 고백에 또 눈물 왈칵 쏟아내야만 하는 숙명

"어미니! 수고 많으셨어요"

"하나님 우편에서 자녀들 수고롭지 않게 기도 부탁드려요"

바람은 왜 이리 불어 지치는가

들녘은 왜 저리 단단하게 얼어 따사로운 기온을 배척하는가

타인들도 이 같은 슬픔 속에서 임 보내드렸으리

단 한 번도 공감하지 못한 듯 부끄러운 생애를

어머니 보내드리면서 다시 한번 깨닫는다

어머니는 마지막까지 아들에게 교훈을 주신다

신앙인의 참된 모습을 가르쳐 주시고 천국 가시려고 하신다

어머니의 수레(55)
-눈물

몸 구석구석 장기를 감싸고 회전하는

수액 중 몇 리터를 쏟아내야

어머니를 보내 드릴 수 있을까

어머니의 말씀 하나하나의 의미를 모른 것도 아닌데

공감해 드리지 못해서

또 불효자에 입문했던 지난날들이 부끄럽고 속상해

어머니 이름 앞에 또 눈물을 쏟는다

수없이 많은 문상을 해

다져졌을 것도 같은 보내는 이의 마음이

이토록 속절없이 무너지는 것은

우리 안에 감성의 샘이 마르지 않았다고 하기에는

육십여 년 동거하면서 말 못 할 부끄러움과 아픔이

많아서다

어머니의 숨은 눈물들을 기억하기 때문이다

눈물이 얼마나 더 흘러넘쳐야

어머니 천국 여행을 위해 배 띄워 길을 낼 수 있을까

돛을 달아 보내는 즐거움이라지만

인간 세상에서의 이별은 참으로 고되고 슬프다

징검다리를 놓을 수도 없는데

눈물 흐르는 소리는 옛 추억 속 시냇가 빨래터의 샘 같다

어머니 평생 눈물 흘리신 그 강에 발을 담가 본다

어머니의 수레(56)
-사랑의 굴

파고파도

끝이 보이지 않는 샘의 근원 같은

사랑의 간이역

이토록 깊은 줄도 모르고

모자(母子)의 인연을 맺어 왔는가

그냥 호명하면 의식주를 공급하는 숲으로만

알았던 어머니가 분신이었음을

어머니 떠나시려는 창가에 머물고서야 알았다

숱한 이론적 관계로만 배워온 것은 아닌데

사모곡(思母曲)을 아무리 읊조린들

남의 사연인 것 같아서 모르고 지내왔는데

어머니 앞에 무릎 꿇고 앉아 있자니

영영 떠나시려나 보다

모셔둘 수 없어 통곡을 담아 시 노래 불러보지만

쉬 위로가 되지를 않는다

멈출 수 없는 세월의 강에 누군가 어머니 배 띄워 보낸다

언어가 인간을 표현하는 희소가치를 지녔다고 하지만

단 한마디도 속 의미를 전할 수 없는

이미 영혼의 문 절반이 닫힌 관계에서

아들이 할 수 있는 일은 아무것도 없어

누군가의 도움을 구해야만 하는 연약한 존재란 것을

형제자매라며 숱한 사랑을 고백하였을지라도

막상 떠나려는데 단 한 사람도 손 내밀어 주지 않는 관계

어머니 그 세상 버리고 이제 하나님 품에 편히 안기셔요

제5부

별 보러 가요

어머니의 수레(57)
-어머니 전상서

어머니 감사했습니다

어머니 사랑했습니다

당신의 첫아이로 태어나

일찍부터 어머니 애만 태웠던 지난 나날

그것도 추억이라 생각하니

한순간도 깃털처럼 살아 드릴 수 없어

늘 무게 중심이란 뿌리 잡고 살아왔던

지난날 살가운 아들 노릇 한번 해 드리지 못했습니다

어머니

어머니의 짝을 보내드릴 때도 경험하지 못했던

복받쳐 오르는 그리움이 사랑이었다는 것을

어머니를 향해 부끄러웠던 지난날을 향한 후회였음을

이제야 알게 되었습니다

다행인 것은 아직 몇 년 치 아들의 생애가 남은 까닭에

두 분 삶의 변곡점에서 맞닥뜨려야 했던 시절의 아픔을
넘어선 푸른 초장을 약속드릴 수 있겠습니다

여장 고쳐 매고 가셔야 하는 길
가시는 목적지를 알고 있기에 편히 보내드리기는 하지만
이토록 마음이 아프고
그리움이 복받쳐 오르는 것은 어인 까닭인지
알 수가 없어 아들의 생애가 미워지기만 합니다
걸려 오는 수화기의 음에도 살갑게 맞이하는 습관을 놓친
그 감성의 불순물들이 눈물에 베어 스며 나올지라도
어쩔 수 없는 과거와 현재의 강에서 왈칵 눈물만 쏟습니다

어머니
저만치 어머니 마중하시려고 예수님 손 내밀고 계십니다
후에 뵙겠습니다

참사랑과 순수한 신앙인의 삶을 보여주셨던 그 길을 따라
잘 살아드리겠습니다
훗날 뵈올 때 어머니의 손 잡고 천국 동산을 거닐면서
미처 하지 못했던 아들의 도리를 다할 수 있겠습니다
이 땅의 황무함을 저 혼자서는 견디기가 버겁습니다

어머니
이 땅에서 기도의 단을 쌓으시며 자식들 뒤를 봐주시던
어머니의 사랑
하늘나라에 더 튼실한 기도의 후원자 되어 주시려고 먼저
떠나십니다
열심히 신실한 그리스도인 아들로 살아드리겠습니다
가족을 건강한 영혼으로 리드하면서 본을 보이겠습니다
어머니 영원한 보금자리에서 평안히 안식하세요

어머니의 수레(57-1)
-아름다운 유언

별빛 짙은 깊은 밤

멀리서 들려오는 메아리

"고마웠다"

"행복했다"

"사랑한다"

"미안하다"

연분홍 채송화 꽃잎 스치우는

가벼운 입술소리

"다 그러려니 하거라 아들아"

아들의 생을 넓히는 실바람 같은 노모의 신음

경청 또 경청 영혼의 밭에 나가 삽질을 한다

어머니의 수레(58)
-눈

눈이 내려 쌓인다

상처 깊은 뉘 영혼 위에 내리는 요인가

뽀송뽀송하고도 탐스러워

드러눕고 싶은

가는 길 위에 뿌려놓은 백합꽃 닮은 눈

눈물 밴 어머니의 독백이 생각나 흘리는 눈물

혹 함박눈이 녹을까 옷소매로 닦고 돌아선다

떠나야 할 시간 되어가는데

길 위에 눈 소복이 내려 어머니의 갈 길을 막아서고

먼 땅 이국에서 제 할머니 보러 달려오는 손녀딸

만날 수 있으려나 싶은 기대

위로를 받을까 해서 또 한 번의 시술을 예약해 본다

부질없다는 것을 모르는 것은 아니지만

인간이 지닌 일말의 소망 어머니께는 여전히 죄송하다

세상 다 덮을지라도

눈 펑펑 내려 길을 지워내고

어머니의 가시는 길 막아서는 목화솜 같은 눈더미 앞에서

두 손 꼭 부여잡고

다 고백하지 못한 사연들 쏟아 눈 녹으면

그때야 길 문 열려 보내드리려나 싶은 간절한 소망

하염없이 내려 쌓인다 아들의 염원처럼 펑펑 내린다

어머니의 수레(59)
-아름다운 고백

"할머니!
그동안 많이 사랑해 주셔서 감사드려요"
눈물 가득 쏟은 손녀딸 종은이의 고백
"종은아!
너무 바빠서 많이 사랑해 주지 못해서 미안하다"
"아니에요, 할머니 사랑 충분히 많이 받았어요"

가족은 이렇게 이별 중이다
말 못 하고 눈물만 뿌리는 아들 곁에서
아빠의 마음을 대언하는 딸
함박눈 내리고 길은 미끄러워 통행 불편한데
어머니의 하늘나라 여행길은 일사천리(一瀉千里)다
가시는 길 늦춰가면 좋을 일을

멀리서 작은 손녀딸 종희는

할머니 그리움에 비행기표 예약하고 마음 졸이는데

귓전 전화기 음 빌려

"저 갈 때까지 돌아가시면 안 돼요 할머니!"

"나 안 죽는다. 종희야 천천히 와"

입 마르셔 정확성을 잃은 어머니의 발음

헤어지는 일이 이렇게 어렵다는 것을

평생 살며 학습했음에도 놓치고 살아온 바보

어머니는 아들의 영원한 스승이시다

학위 하나 없는 삶의 스승이시다

낳고 먹이시고 기르시고 이별 앞에서도 잊지 않고

꼭 필요한 지침을 남겨 주신다

"어머니!

함박눈 내렸어요"

"어머니 소녀적 그렇게 좋아하시던 함박눈이

새하얗게 내렸어요"

기별을 어머니 마음 주머니 속에 넣어 드리고

기도하며 돌아서서 잠 오지 않는 밤을 맞는다

어머니의 수레(60)
-주연배우

"온 세상은 하나의 무대요,
모든 인간은 그저 잠시 등장했다가 퇴장하는 배우일 뿐"*
누가 뭐라고 해도
육십 평생 관객으로 살아온 아들의 눈에는
어머니는 단연코 주연 배우시다

뒤 벌 농장 일용직 시절부터
동진금속 근로자의 신분까지
다시 아파트 일용직 근로 원으로 시작하여
엄마와 순수한 그리스도인의 신분으로 살아오시기까지
단 한 번도 자리를 내어 주지 않은 주연배우 시다

그 어느 주연보다도 빛나는 것은
고마움의 트로피도 상장도 받은 적 없으신데도
누구에게 관심을 표명하지 않고서도

묵묵히 당신의 삶을 위해 연기하신

아들의 눈에는 어머니가 가장 열연을 보이신 주연이시다

어머니께 수여된 상이라 하면

손녀딸들의 별빛과 같은 고백

"할머니 사랑 많이 부어 주셔서 감사해요!"

"할머니 천국 가서 저희 위해 기도 많이 해 주세요!"

수식이 없는 문장에 깃든 순수 인사말이다

* 윌리엄 셰익스피어의 5대 희극 중 하나인 『뜻대로 하세요』에 나오는 자크의 대사

어머니의 수레(61)
-별 보러 가요

어머니

초승달도 보름달도 아닌 작은 별 보러 가요

더더욱 빛 밝은 대낮이 아닌

깊은 밤 아무도 모르게 가요

지금까지 찬란한 빛 속으로 간 이들이 원했던 것들

다 버리고 빈손으로

아름다운 추억만 가슴 주머니에 담고

별 보듯 살며시 가요

우리의 아픔도 알고 보면

대낮 같은 생애의 빛을 찾아가려는 보폭 때문이란 걸

저는 알아요

어머니가 그토록 애쓰셨던 것이 욕심이 아닌

식솔들 생계의 버팀목이었다는 것을

지난날 당신이 몸소 겪었던 짐들 덜어주려고 했던 것임을

잘 알아요

별빛 반짝이는 밤에 살며시 떠나신 데도 슬퍼하지 않겠어요

어머니

장독대에 피어나던 채송화 보듯

봉숭아 붉은 꽃잎이 애간장을 녹이듯

돌담을 휘감던 넝쿨을 헤집으며 애호박을 찾듯

순박한 소시민의 생애를 기억하며 환하게 웃을 수 있도록

별빛 반짝이는 시간에 우리 떠나요

눈물은 잠깐만 흘릴 수 있을 것 같아요

어머니 우리 저 하늘 깊이 박힌 별 보러 가요

어머니의 수레(62)
-그리움

잠꼬대같이 들려오는 말씀

"하루를 살더라도 의료 천사들의 동거녀로

머물다 가고 싶다"

진한 사랑 받아본 영혼들이라면

한 번이라도 그들과 소통해 본 이들이라면

어머니의 고백이 얼마나 간절한가를

알 수 있다

생면부지(生面不知)의 얼굴들

정 잃은 공동체를 위해 예비된 공간과 천사들

시술 중에도 그립다 시며

예약한 순서를 기다리신다

병환 중에 품고 하는 그리움의 고백에는

진실이 듬뿍 담겨서 한치도 옮겨놓을 수가 없다

다시 전화를 걸어 본다

세상은 모두가 직면해 봐야 진실을 안다

사랑한다는 말도

형제자매란 말도

의(義) 변치 말자는 공동체에서 한 약속도

모두가 당면해야 알게 된다

어머니는 인생 말년에 귀한 것을

아들에게 남기시고 가신다

간절한 바람

사랑의 샘물 가득 솟는 호스피스병원*에 이르러

그 사랑의 샘물 한 움큼 마시고 가실 수 있기를

그곳에 들면

의료 천사들에게 미처 전하지 못한 아들의 고백

시로써 남기리라

어머니 조금만 조금만 더 기다려 주세요

---

* 용인시 처인구에 있는 호스피스병원으로서 임계점에 이른 말기 암 환자들의 완화의료, 통증 관리로 많은 환자가 머물다 가고 싶어 하는 병원

어머니의 수레(63)
-유물(遺物)

작은 별 한편엔

유물처럼 의자 하나 서 있다

앉았다 일어서기를 반복하는

주인의 이름은 알 수 없으나

그녀를 할머니 혹은 어머니와 아내라고 한다

작은 별에 둥지 틀고 살면서

한 생명 잉태하고 양육하는데 온갖 사랑을 쏟아온

이름 위에 고귀한 옷을 입혀 권사(勸士)라고 부르며

맞이하기를 삼대(三代)

오늘도 그녀들만의 소통이 시작된다

누군들 제 자리를 깨끗하게 보전하고 싶지 않겠는가

앉았던 자리가 항상 청결하고 아름답다

그들의 품에서 난 이들도 덩달아 유전처럼 영혼이 맑다

습관처럼 그리워하는 이유가 다 거기에 있다

오늘도 자리를 유물로 물려주고 받는 예식이 거행 중이다

대지를 닮았다고들 하고

꽃을 닮았다고들 하고

하늘의 새털구름을 닮았다고들 하고

고향마을 시냇물에 쓸려가는 물풀을 닮았다고들 한다

닮았다는 것은 그만큼 서로를 깊이 사랑한다는 이유다

어머니의 수레(64)
― 리 타이어

1989년 7월 6일
어머니의 타이어를 갈아 신겨드렸다
천 리 길 산 넘고 돌짝 밭을 지나도
헤지는 법이 없는
우주를 유랑해 본향에 이를지라도
쿠션이 살아있어 곤하지 않을 타이어를

밤낮
애지중지 여기시던 옛 타이어가 펑크나
운행을 멈춘 2023년 8월 23일 정오
어머니의 새 타이어에 날개가 돋기 시작했다
예년에는 몰랐던 일이
어머니 생애에서 일어나고 있는 중이다

낳고 기르시고 순수시인 되게 하신 어머니께

처음이면서 마지막으로 드린 선물이

어머니의 영원한 삶이 된 것이다

항상 고달파 보였던 세상 브랜드 타이어 벗어놓고

물질로도 바꿀 수 없는 천국 브랜드 타이어로

갈아 신으시고 비상을 서두르신다

세상 길은 어머니가 열어 주시고

천국 길은 아들이 열어 드린 아름다운 관계

언제 가시더라도 염려 걱정 없는 무전여행

이정표 따라 오르다 보면

문 활짝 열려 영원한 천국 환송 잔치에 이르리니

어머니 다시 뵈올 날까지 평안 평안하셔요

어머니의 수레(65)
-아침 안부

눈발 혹은

빗줄기 내리려나

밤안개 아직 남아 징징거리는데

아침 하늘은 음침하고 밀폐되고 고독하다

어머니의 호흡 포화도는 20 프로를 유지하는가

간호사들의 손이 쉬 닿는 집중치료실

어머니 홀로 사색의 링거를 맞으신다

아들의 걸음은

늘 생계의 현장으로

어머니를 향한 마음의 끈을 잡고서

반대 현장으로만 간다

어머니도 그래셨을까

자식들 눈에 밟히지만

이내 들로 나가 하루치 식량값을 구해야만 했다

눈물 가슴에서 머리로 머리에서 복부로 흐른다

어머니 아직 오지 않았어요
손녀딸 비행기가 이국 하늘을 날지 못하고 있어요
마음과는 사선 방향을 유지하고 일어나는 세상일
어머니 혈관의 속도는 변함없으신가요
그 뉘가 다녀가셨음 하시는데도
그이는 여전히 다녀가지 않고
어머니의 서운한 마음은 유리창 성애인 양 흐리다

어머니 그냥 두시고 잊으세요
그의 삶은 그의 몫 아니겠어요
새해 들어도 불한당(不汗黨) 같은 놈들의 탐욕이 일듯
저들의 종교 행위도 밀폐된 공간에서의 예술 행위
어머니의 신앙은 소녀 아이들처럼 순수해서
하늘 문이 활짝 열려있잖아요
어머니 오늘 이 아침 노래나 부르다가 가기로 해요

어머니의 수레(66)
-미완의 만남

누군가는 한주 만에 시집을
누군가는 일 년에 세 권의 시집을 냈다고 하는데
아들은 병원에서 지정해 준 어머니의 날을 향해
시를 쓴다
유서를 쓴다
편지를 쓴다
참회록을 쓴다
비망록을 쓴다

우리의 만남은 미완
방문객도 웃음을 팔지 않아야 하는 이유다
보내는 이도 눈물을 자아내서는 안 되는 이유다
그러나 뜻대로만 되지 않는 일
세상은 그런 생리처럼 만들어졌기 때문이다

어머니를 향한

속 사연이 봇물 터지듯 한 까닭을 알 수가 없다

육십 평생을

어머니의 삭정이 가지만을 보고 자랐기 때문이다

꽁꽁 언 어머니의 마음을 녹여드리지 못했기 때문이다

샘물과 같은 어머니의 눈물을 보았기 때문이다

그 눈물을 닦아 드리지 못했기 때문이다

그래서 언제 그칠지 모르는 시 편지를 쓰는 것이다

이 땅에서의 만남은 잠시

예금금액을 늘려놓듯

보장이 없는 세상살이를 이미 알고 있었기에

어머니와의 만남을 완성해 드리기 위해

천국 문고리에 단단히 데코 해 놓은 것이다

어머니의 수레(67)
-그림자들의 언덕

이제는 멀어진 자유

생명 가득했던 폼은 다 어디 두고

돌아와 백화되어 드러누운 나뭇잎 혼으로

옅은 약봉지 액상이 이끄는 대로

의식을 맡기운다

이른 봄날의 신선함은 잊고

어린 처녀애들이 손하고 호명하면

반려견들처럼 손 하나 내밀어 링거를 맞고

주삿바늘이 생명의 유일한 통로인 양

순응주의자가 되어 자리를 편다

몇 명이나 살아서 돌아오려나

나무에서 떨어져 나간 잎들이 맞이하는 숙명

거칠고 풋풋한 세월에 몸 맡기고

영혼에 길을 물어가는 백옥빌딩 낯선 공간

적과의 동침 구역이다

미래에 대해서는 불문율에 붙이고

저마다 쏟아놓고 돌아가는 구호들을 필독하면서도

한 줌 흙이 그리운 사람들

그렇게 제 몫을 노래하는 이들의 합창

늘 고문처럼 두 갈래의 길에서 제 이름 복명복창한다

사람에게서는 찾아볼 수 없는 몫

그래서 틈만 나면

갑질을 하며 자기 권리를 찾으려고 애를 써 보지만

남는 것은 서로에게 짐 지워진 상처들

무균실과 같은 운명과 숙명의 언덕에서 허공을 응시할 뿐

어머니의 수레(68)
-천국 가시네

어머니의 고단한 노동은 끝이 났고

어머니의 지분 할당은 시작 중이다

소유의 서러움으로 눈물 흘리시던 날을 기억하며

축하의 말씀을 드린다

쏟아지는 이 눈물의 의미는

이별

기쁨

지난날 서러워 펑펑 눈물 흘리시던 모습을 회상

상처가 남긴 고통

어머니의 어머니와의 만남을 위한 초연

소유권 없는 지분일지라도

사계절 기후에 휘둘리지 않고 기도하실 수 있는

다시 만날 날까지

중보기도 해 주실 어머니가 하늘나라 가시니

잔치를 열어야 할 일인데 자꾸만 눈물이 난다

어머니 가실 때 가시더라도

눈 녹는 따사로운 날 가셔요

바람 자는 한결 포근한 날 가셔요

세상일로 곤한 복잡한 시간대가 아닌

노래하다가 잠들 행복한 시간에 떠나셔요

어머니의 수레(69)
-옛이야기

한겨울
모처럼 정원의 소나무들이 푸르르고
빗살나무도 생기를 찾아
새들이 놀이터 삼아 놀다 간 시간
창가를 바라보며 기나긴 이야기 나누었지요

오래전 귤 사과를 깎아 먹으면서
뉘 부고에 대해서와
먼먼 날의 옛이야기를 나누듯
사촌누이와 어머니 삶을 이야기했지요
전설 같은 이야기를 나누며 눈물지었지요

어머니
그간 남 이야기하듯 한 이야기들이
우리의 것이 될 줄을 모르고 하였듯이

어디선가 밀감을 먹으면서
어머니 이야기를 눈물겹게 나누겠지요

꿈인 듯
삼촌들이 다녀가시고
손주들이 다녀가고
젊은 날 나무 머리 짐 함께했던 동네 아주머니들이
그리고 마지막으로 자식들이 다녀갔습니다

모두가 찰나인 듯
누군가의 이야기가 되는 우리의 인생
조금은 더 솔직해져 보자고 다짐하면서
써 보는 시와 일기는 서로 닮았다지만
뉘 영혼을 위로할 수 없는 헐값에 읽히울겝니다

그럴지라도
유서 쓰듯 정성스레 문장을 수놓는 노력이
삶의 이유라고 명심하고
시를 쓰고 일기를 쓰고
인사말로 서명을 대신 하겠습니다 어머니

어머니의 수레(70)
-울명

어머니 천국으로 향하는

그 통로에 이정표로 서 있습니다

어서들 오세요

어서들 가세요

가야 할 곳 모르고 달려가는 족속들 생각에

아픔이 몰려오고

맞이하는 시간은

비도 아닌 눈도 아닌 진눈깨비 내려 길을 적시웁니다

아들이옵니다

분명 아들이 맞습니다

하루 세끼 고달파 하늘 원망하며 밭으로 논으로 나가

이삭을 줍던 시절

어머니의 배 아프게 하며 태어난

마음 찢듯 아프게 살아드렸던 것을 보니

아들이 맞기는 한 것 같습니다

일상 울멍울멍 지새우는 날을 맞고 있습니다

어머니

병실 밖으로 버스가 지나갑니다

택시도 승용차도 지나갑니다

누군가는 어머니 한발 앞서 세상과 이별을 하고

누군가는 여전히 흥정하고

또 누군가는 순수와 진실을 숨기고

자신의 시간을 지워내고

아들은 오늘도 어머니 하늘길 살피러 집 나섭니다

어머니의 수레(71)
-어머니의 섬

가족이란 푸른 숲에서

뚝 떨어져 멀어지려는

밀물과 썰물 사이에서 거품을 내는

갈매기 하나 날아들지 않는

바람에 밀려 자꾸만 멀어져만 가려 하신다

가다가 말다가

다시 뒤돌아보는 사이

하늘은 낮다가 높아지다가 파란 구름에 쌓이고

뉘 불러 준 노래인가

찔레꽃 향기에 지난 추억이 소리 없이 나부낀다

지금 나 하늘나라로 갈까

가시는데도 선택권은 어머니께 주어지지 않고

누군가의 손을 잡아야 하는

늘 그렇게 외로운 섬 생활이다

평화로운 영역에 드는 것도 고단한 여정이다

함께 있을 땐 듣지 않겠다던 사람들

떠날 땐 영혼의 문 열리려나

조금이라도 들려주시려고

밀물 썰물에 몸을 씻으시면서 자맥질이시다

그 깊은 마음은 바닥 모르는 꼭 바다의 수심 같다

뭇 영혼들은 쉬 가닿지 못할 영역

한 개의 섬으로 떠 있다는 것은

그리움 가득 품고 다가서겠다는 다짐

때론 고독할지라도 노래 부를 수 있다는 약속

천국 시민으로서의 신분에 들기 위함이다

어머니의 수레(72)
-기다림

얼마를 더 기다려야

그분이 오실까 그리움 가득 담긴 마음

새싹이 나고

들풀 우거지고

잔가지 가득 새들 날아와 우짖고

다시 산은 발가벗고 돌아앉아서

몸속이 훤히 들여다보이는 계절을 맞아도

그분은 오지를 않는다

초침은 기우뚱거리며 가고

어머니 몸과 마음 가득 작은 섬들이 돌기처럼 돋아

아무도 들지 않는 섬 문을 불한당들이 들쑤시고 들어와

난장판을 만들어 놓고

빈집 같은 소굴을 만들어 놓고들 지나가는 날들

여전히 어머니는 숨죽이고 그분을 기다리신다

하도 많은 사람 스쳐 지나갔는데도
어머니의 그리움은 여전히 오지 않은 모양이다

어머니의 고단했던 지난 세월들
그토록 많은 기다림이 좌심방 우심실을 돌며
생명을 이어주고 있었다는 사실을 몰랐다
이제는 너무 크게 자라서
사람의 힘으로 문을 열 수도 없는 당돌한 섬이 되어
꿈쩍 않는 어머니의 인생
철새들이 날아와 입질하고 꽃들도 잎만 보여주고
바람처럼 인사말 한마디 남기고 돌아들 간다

어머니의 수레(73)
-역할

어린 시절에는 그랬지

밥 먹어라 온 동네가 떠날 듯 부르시곤 하셨지

밤늦게 돌아오지 않으면

문고리 잠길까 몇 번이고 애태우시곤 하셨지

반은 잘 찾고 국문은 해독 가능할까

입학시켜놓고 가슴 졸이시곤 하셨지

다 자라서는 식솔들 간수는 잘할까

뜬 눈으로 뒤를 지켜보시곤 하셨지

지금은 고요 적막

숨소리 꺼지시려나

혈액이 제대로 돌지 않아 한쪽 팔목 터져

압박붕대로 봉합을 하고

물 한 모금 넘기시지 못하시는 장기의 기능을 잃고

아랫도리 가득 차오른 물에 젖어 한발 내딛지 못하는

애기 돌보듯 마음을 졸이는 자식들

세상이 어지럽게 한 바퀴 휘돌았다

세상 무엇을 자랑할 수 있겠는가

가진 것 많고 인물 건강이 출중해도

물 흐르듯 세상을 휘감고 있는 숫자들

그 틈새에 끼어서 흘러가는 우리네 숙명

서로에게 해코지 자랑질하지 말라 외치는 것도

다 이 때문이라는데

새들도 알고 짐승도 알고 들풀도 아는데

사람만 몰라 죄인의 신분 떼어내지 못한 채 늙어가고 있다

어머니의 수레(74)
-기후(氣候)

누가 햇살 따사로운 날

우산을 쓰고 다니나요

누구에게는 그 따가운 햇살이 빗물 일 수도 있어

비웃지는 말아요

온아한 세상 기온에도 어머니의 영혼은 차디찬 겨울

인간의 의지는 자유의 상징 민들레꽃처럼

허공을 떠도는 연약함

인생 계절은

봄 여름 가을 겨울

누구에게는 기나긴 여름일 수 있거나 겨울일 수 있어

봄과 가을의 마음으로만 느끼지 말아요

어머니 영혼은

지금 기나긴 겨울의 터널을 지나고 있어요

봄날과 같은 그 나라 임하여 곧 함박 웃음꽃 피우겠지만

햇살 몸을 활짝 펴고 다가오다가도

구름 몸 비틀고 찾아와 눈과 비 혹은 진눈깨비를

쏟아놓을지 모르는 희대의 이상기류

누구에겐들 봄꽃만 만개하겠는지요

비포장도로만 걸어온 어머니의 생애

희대의 이상기류가 몰고 온 어머니의 말년 기상예보

흐림 아주 흐림 미세먼지 속출 마스크 착용자만 외출 가능

어머니의 수레(75)
- 창(窓)

구멍 난 문풍지 새로 날아든

햇살이 몰고 온 신비는 작은 먼지 군상들

그 먼지들의 위장 출현에도

스펙트럼이 형성되어 신기한 광경에 눈을 떼지 못했던

자신만의 놀이 공간이 된 사글세 작은방 풍경

어머니는

그 작은방에서 수를 놓고 비닐의 허물을 벗겨가며

부업을 하셨다

어머니의 창

호호 불어도 좀처럼 지워지지 않는 성애 잔뜩 끼어

기쁨이라고는 좀처럼 찾아보기 어려운

눈물만 자욱했던 공간

어릴 적 구멍 난 창호지 문을 보듯

누군가가 손가락 하나 만한 공간으로 출구를 낸 흔적

그 창문을 통해서 바라다본

어머니가 돌아가 안식하실 세상 풍경을 본다

다들 그렇게 앞이 보이지 않는다고들 하고

온통 슬픔과 아픔뿐이라고들 말하는 세상 기준

그 창호지를 거둬내고

코스모스 꽃 따다가 덧대고 바른 새 창호지 문

그 문살 사이로 또 다른 세상을 본다

어머니의 창은 늘 그렇게 생존자의 눈으로 보면

흐리고 출구가 없는 듯 탁하기만 하나

발견하지 못한 한 개의 출구가 있어서 언제나 밝다

어머니의 수레(76)
-영원한 이주

어머니
이삿짐 다 남겨두시고
2024. 1. 20.
하나님 품에 안기셨다
천사들 분주했던 손놀림 멎은 후 문 열리는 날
어머니 자식들 손 놓으셨다

육 개월 남짓
일평생 다 못한 마음의 대화 나누고 돌아설 때
어머니 입 닫으시고
눈으로만 전해 주시는 안도감
천국에 문패 하나 달고 작별의 인사말 남기시고
천국 시민 되어 떠나셨다

어머니

고마웠습니다

사랑합니다

다시 만날 날까지 이 땅의 가련한 족속 위해

기도해 주세요

믿음의 소망 잡고 황량한 시대의 강 건너겠습니다

이토록

짧은 이별을 염두에 둔 것은 아니지만

속절없이 지나가 버린 모자의 정을 위해

남은 생애 영혼의 밭을 기경(起耕)하겠습니다

시시때때로 일어나고 자는 일상 뒤에서

어머니 수고 많으셨습니다 이제는 편히 쉬세요

발문

모자(母子)의 정을
영원히 놓지 않겠다는
인연의 다짐

이충재(시인, 문학평론가)

모자(母子)의 정을 영원히 놓지 않겠다는 인연의 다짐

잠시 역사에 대해서 그리고 일생이란 숫자적 개념에 대해서 생각해 본다. 누구에게나 사유의 시간과 동기는 찾아온다. 이것을 자기화 시키지 못하는 데서 문제가 생기는 것이지, 공평하게 주어진 인생의 분량은 정확하게 분배되어 찾아오기 마련이다. 이것이 인생인 것이다.

필자는 육십 평생 한 어머니의 아들로 살아왔으며, 그 중 30년 이상을 시인으로 살아왔다. 그러니까 현재를 중심으로 볼 때 꼭 반평생은 시인이자 각종 글을 쓰는 삶으로 살아온 셈이다. 이를 달리 표현하면 누군가의 삶 내지 인류의 병적인 현상들을 비롯하여 갖가지 시비 현황들에 대해서 진단한 결과를 기록을 남겨야 할 사명자의 몫으로 주어진 인생을 잘 관리해오면서 살아온 것이며 때로는 주인공으로 살아왔다는 증거가 되는 것이다.

 물론 45년 동안 일기를 써 온다는 것 하나만으로도 주어진 삶을 잘 관리해 왔다는 자부심 내지 성실하고도 진지한 삶을 위한 평가의 기준이 될 수도 있다. 그만큼 삶의 부담감도 적지 않았던 것이 사실이다. 그 결과물로써의 필력(筆力)에 의존하여, 제13 시집을 출간하게 되었다. 이 시집의 주제를 한줄기에 은혜와 감사의 줄에 걸어 펼쳐보기로 했다. 그 주제는 오로지 어머니의 일생을 기준으로 삼은 것이다. 2023년 8월 말, 속이 불편하여 병원을 찾았다가 청천벽력과도 같은 담도암 말기라는 지병 소식을 접하신 지 6개월 남짓한 투병을 가장 가까이서 지켜본 큰아들로서 마음을 시 형태로 담아두기로 했다. 그리고 어머니를 천국에 보내드리고 난 즉시 한 권의 시집을 묶기로 하였다. 그 원고들이 바로 이 시집의 지체들인 셈이다.

 필자에게 있어서의 어머니는 영혼의 고향이며 동시에 천국인 셈이다. 그래서 어머니를 천국 환송하는 내내 기쁨과 아픔이 교차하는 인간적인 영혼 앓이를 경험할 수밖에 없었던 것 또한 솔직이고 사실이다.

　스테판 B. 폴터는 『어머니는 누구인가』(글로세움)에 대해서 다음과 같은 말을 하고 있다. "의식적이든 무의식이든 어머니는 당신에게 흔적을 남겼다. 이 정서적인 유산은 어머니가 당신을 잉태했을 때부터 시작되었다. 그녀의 나이, 생존 여부, 거리와 관계없이 지금까지 영향을 끼치고 있다. 그 유산이 무엇으로 그리고 어떻게 구성되어 있는지가 초점이 될 것이다. 그런 의미에서 어머니 요인은 당신이 가족, 사회, 연애에서 의미 있는 인간관계를 만드는 능력, 어머니– 자녀 관계에서 시작되어 당신의 사랑, 두려움과 희망의 감정을 나타내주는 감정의 템플릿 등으로 정의된다. 또한, 당신의 자아를 형성한 어머니의 양육방식이자 어머니가 의식적 혹은 무의식적으로 형성한 당신의 감정적인 대응 방식이기도 하다. 어머니의 요인은 당신의 행동 양식, 태도, 관계를 맺는 스타일, 감정 상태, 의사소통 패턴에 숨어 있다. 우리는 모두 어머니라고 불리는 한 여성의 아들딸이므로 이 강력하고 지속적이며 다양한 영향에 대해 친숙해지는 것은 매우 중요하다."

어머니가 암을 판정받고, 어머니 영혼의 이주(移駐) 여정을 동행하면서 느끼고 깨달았던 부분의 결과물을 두고 볼 때 스테판 B. 폴터와 충분히 공감하지 않을 수 없다. 필자가 얼마나 많은 생활패턴과 성향과 성격과 외향의 모습이 닮아있는가에 대한 거울 이미지가 확연했음을 또한 느낄 수 있었다. 그래서일까, 어머니를 보내드리면서 참으로 많은 눈물을 쏟을 수밖에 없었다. 이날을 위해서 어머니는 아들의 유전인자 속에 시인의 속성을 심어 주신 것인가? 아들은 어머니를 향한 감정을 시로 남겨두기로 작정을 하고 창작하기로 마음을 먹었다. 그 결산물인 셈이다.

『어머니의 노래』(홍성사)의 주인공인 이상운 전도사는, 중국 산둥성 허쩌시 명문가에서 태어나 의학을 전공한 산부인과 의사로서 당대 최고의 지성을 갖춘 여성이었다. 한국인 남편과 결혼한 그녀는, 텐진에서 귀국선을 타고 남편의 해방된 조국으로 들어오게 되었다. 잠시 머물려던 생각과는 달리, 예기치 않은 상황에 발목이 묶여 자신의 소망과 의지를 거세당한 채, 88세를 일기로 생을 마감할 때까지 한국에서 살았다. 이 책은 이상운 전도사의 장남인 옥인영 장로가 어머니를 회상하면서 쓴 내용을 이유진 작가가 책으로 출간한 것이다. 이 책에서 옥인영 장로는 "어머니의 삶은 살아 있는 기도였습니다"라고 고백하고 있다.

  필자의 어머니 역시 자식을 위해서 인류를 위해서 평생 새벽 기도재단을 쌓으면서 중보기도의 쉼을 그치지 않으신 여성으로서 삶을 사신 분이시다. 그 어머니의 기도가 아들의 시인 인생과 정직하고도 순수한 신앙생활과 가장과 사회인으로서 살아가는 원동력이 되었음을 고백하는 것이다.

  재일 한국인 최초의 도쿄대 교수 강상중은 재일(在日)의 역사 그 자체였던 어머니의 삶을 돌이켜 보면서 『어머니』(사계절)에서 다음과 같이 고백하고 있다. "어머니의 기억을 더듬는 것이 글을 아는 내게 글을 모르는 어머니가 위탁하신 유언이라는 생각이 드는 걸 막을 수가 없다. 물에 녹아 사라질 것 같은 글자들을 간신히 원래 모습으로 되살려 놓듯이, 아련한 기억의 단편들을 끌어모아 어머니의 모습을 그려낼 수 있다면 … 그러다 보면 거기서 나의 반생 역시 투영되어 보일 것이다. 어머니를 통해 나

역시 나 자신을 다시 만나게 되는 것이기도 하다."

　위의 세 분의 지인들이 남긴 그 어머니가 내 어머니가 일생 살아오시면서 아들인 필자에게 미쳐 온 영향력이며 동시에 모형이라는 점에 충분히 공감하고 동의를 불러온 의식을 이식시켜왔다고 할 수 있다. 그 어머니가 2024년 1월 20일 아들의 생일날 천국으로 영원히 이주하신 것이다. 이제는 그 어머니의 기도에 힘입어 충분히 축적 시켜 놓은 영적인 에너지와 삶의 청사진을 이정표 삼아서 최선을 다해서 아름답고도 내적 멋을 추구하면서 가장 진실한 삶을 살아낼 책무를 부여받게 된 것이다. 그 약속을 이행하기 위해서 추모 시 시리즈로 이 한 권의 시집을 출판하게 된 것이다.

　누구에게나 어머니의 영향력이 크지 않은 아들딸들이 있겠는가? 그럼에도 불구하고, 많은 아들과 딸들이 그 어머니의 사랑을 잊고들 사회 문제의 원인자가 되어 어머니들 가슴에 못질을 하고 수없이 망치질해 대는 경우가 흔한 것을 보면, 사람 구실을 제대로 한다는 것이 참으로 힘들다고 할 수 있겠다. 자기 인간성을 위해서, 사람 구실을 위해서 늘 자가학습을 솔선수범하지 않으면 결코 제대로 된 인간으로서 삶을 추구할 수 없음을 우리는 너무나도 쉬 간과하고들 살아가는 것 같아서 참으로 슬프다.

신앙인으로서 그리고 시인과 착한 아들과 어른으로서 지성과 영성과 인성을 제대로 활용하기 위해 깊이 사유하고 애쓰면서 살아가는 것이 얼마나 힘들다는 것인가를 또한 깨닫게 되고, 가장 힘들었음을 고백하게 된다.

어머니를 천국으로 보내드리면서 아들 시인이 할 수 있는 일이 그렇게 많지 않음을 가슴 아프게 생각한다. 어머니의 투병 기간 내내 일기의 주제를 어머니께 초점을 맞추고 기술했으며 동시에 시를 쓰기 시작했다. 그러나 분량이 너무 많아서 일기문은 별도로 남기기로 했고, 시만을 한 권의 시집으로 묶기로 한 것이다.

버지니아 사티어는 『아름다운 가족』(창조문화)에서 말하기를 "가족은 빙산과 비슷합니다. 대부분 사람은 가족에 대해 열 가지 중 단지 하나만을 알 수 있을 뿐입니다. 무엇인가 더 있을 것으로 추측해 보지만, 그게 무엇인지, 그리고 어떻게 찾아내야 하는지 알지 못합니다. 이러한 무지는 가족을 위험한 상황에 놓이게 할 수 있습니다. 뱃 사람의 운명은 물밑에 더 큰 얼음덩어리가 있다는 것을 아는데 달려있습니다. 마찬가지로 가족의 운명은 매일 벌어지는 일상의 그림자에 깔린 서로의 느낌과 요구를 이해하는데 달려있습니다."

 이제 필자는 가족의 어른인 어머니를 천국으로 보내드렸다. 어머니의 헌신적인 기도와 가르침 그리고 삶으로 보여주신 생생한 교훈을 먹고 마시고 살아온 아들의 아름답고도 내적 멋을 알고 감사하며 살아갈 줄 아는 삶을 약속드리기 위해서 투병 기간의 영적 체험담을 한 권의 시집으로 엮게 되었다.
 감사하다. 어머니의 임종을 지켜보고, 천국 환송을 위해서 애쓴 필자의 가족(아내 재완, 큰딸 종은, 작은딸 종희)과 형제(누이 숙재와 매제 김상섭, 막냇동생 청재와 제수인 진선)에게 감사의 마음을 전한다. 모두가 버지니아 시티어가 말하고 있는 바 "아름다운 가족"의 구성원으로서 균형을 잃지 않기를 바란다. 동시에 독자들의 이 같은 가족애를 위해서 기도드리며…… 행복하기를 간절히 원하는 독자들과 필자 인생의 전부가 되어 주신 사랑하는 어머니 김경순 권사님께 이 시집을 바친다.